HAL AAN TEBAYEY

X. A. AF-QALLOOC

Sawirka

Baal-taariikheedkii iyo Gabayadiisii
(1871 – 1986)

Qalinkii

Maxamed Baashe X. Xasan

LONDON 2008

Bashe Publications

e-mail:
mohamedbashe@hotmail.com

website:
www.aftahan.org

First Edition September 2008
LONDON

ISBN: 978-0-9547674-2-6

Published by **BASHE PUBLICATIONS**

180 Mile End Road, London E1 4LJ
Tel: +44 (020) 7790 6611
Mob: +44 (0) 793 959 3727

E-mail:
mohamedbashe@hotmail.com

website:
www.aftahan.org

Typeset/Design/Print & Bound by;

ink2Design
Unit 1, 200 Mile End Road, London E1 4LJ
info@ink2design.co.uk
tel: +44 (020) 7791 2299

Taariikhdu waynoo musbaax maanka caawima'e
Adoo male gudaayaad yaqiin marar ku gaadhaaye
Makaankaaga waa inaad taqaan meelba waxa yaalle……..
Xaaji Aadan Axmed Xasan (Af-qallooc)
Ceerigaabo, 1968

Xaaji Aadan Af-qallooc oo kale waa ku 'dhif iyo naadir' Soomaalida dhexdeeda, gabayadiisana waxa laga soo dhex ogaan karaa cudurro badan oo Soomaalida diloodey:

Maamul xumo
Caddaalad darro
Musuqmaasuq
Xatooyo
Jahli
Aqoon la callow
Kala dambayn la'aan
Qabyaalad
Xiqdi
Nactooyo
Kalsooni darro
Himilo la'aan
Dib u dhacsanaan

TUSMADA BUUGGA

GOGOLDHIG	7-17
HIBEYN	18
MAHADNAQ	19-20
HORDHAC	21-24

QAYBTA 1AAD

Hanaqaadkii Xaaji Aadan Af-qallooc	26-30
Xaaji Aadan iyo Noloshiisii Qurbaawinnimada	31-34

QAYBTA 2AAD

Soo Noqoshadii Xaajiga iyo Halgankii Xornimo Raadinta (1941 -1960)	36-41
Suugaanta Xaaji Aadan iyo Halgankii Gobannimo-doonka (1943 – 1959)	42
Gobannimo	42-43
Berbera	44-48
Miyayddaan Aqoon Diinta	49-54
Dilkii Sheekh Bashiir	55-62
Wadaad Xume	63-64
Ugrood Baan Ka Haajirey	65-67
Asalkiisa Dahab	68
Dardaaran	69-71
Isxaaq iyo Ismaaciil	72-73
Dood Karal	73-74
Gobannimo Halkay Taal	75-76

QAYBTA 3AAD

Dawladihii Rayadka iyo Gabayada
Af-qallooc (1960 – 1969) 78-79
Calankii La Taag 80
Marwo 81-83
Facaan Ahay 84-86
Mahadho 87-89
Tabaalaha Wakhtiga 90-99
Wax Na Diley 100-102
Qoolaaban 102-104
Ina Cigaal 105-109
Waa Ceeb Axmaqu Leeyahay 110-111
Ceerigaabo 112-118
Dirirka Cawleed 119
Taaggii Abaarow 119-121
Aar Gaboobey 122-125

QAYBTA 4AAD

Kacaankii Oktoobar iyo Gabayada
Af-qallooc (1969 – 1986) 127-129
Aqalkeeda Leegada 130-133
Waxa Xiga 134-136
Calanyahow Wanaagsani 137-138
Dood Maraykan 138-142
Ubixii Dalkaygow 143-144
Waa Duni 144-147
Abbaanduulayaashii 148
Qabyaaladdii oo Hadlaysa 149-150
Halkii Noolba Calankii La Saar 150-151
Dalkayga 151-152
Hayin Qalad 153-155
Dabbaaldeggii Oktoobar 156-161
Hoga-tus 162-163

Huteel Taleex   163-165
Afka Hooyo   165
Gobannimo Xarbi Baa Lagu Kasbaa   165-167
Faallada Soomaalida   167-172
Taariikhda Aadmiga   172-175
Warqaddii Suweysara   176-178
Mabda'a   178-179
Murtida Hadalka   179-180
Saluugla'   180-182
Miyaan Lays Dulmiyin   183-185
Xilliyada   186-190
Dhallinyaro   191-192
Kudkude   193-195
Nin Hawoodey   195-196
Seben Tegey   197
Gabay Baroor-diiq ah   197-199
Tuducyo Laga Hayo Gabayo Maqan   200
Sawirro: Qayb ka mid ah Tafiirtii Xaajiga   201-202
Iftiimin Ku Saabsan Qoraaga   203-204
Dheegag Maanseed Xul Ah   205-207
Ilaha Xigashada iyo Raad-raaca Buugga   208

GOGOLDHIG

MURTI AAN GABOOBAYN

Markii iigu horraysay ee aan arko Xaaji Aadan waxay ahayd 1972kii; waxaannu ku kulannay gurigii ay Guddidii Qoridda Af-soomaaligu ku shaqayn jireen, guddidaas oo uu ka tirsanaa. Gurigan ayey qayb ka mid ahi xafiis u ahayd; Waaxdii Dhaqanka ee Wasaaradda Waxbarashada iyo Barbaarinta, waaxdaas oo aan shaqadii iigu horraysay ka bilaabay. (Waa intii aan la dhisin Akaaddeemiyaddii Cilmi-baadhista iyo Dhaqanka). Waxa uu ahaa ama uu iigu muuqday nin quwad u dhashay da'duse ay ka muuqato, laakiin maskax aad u firfircoon sita. Waxaa waaxdan ayada ah ka tirsanaa oo aan ugu imid Alla ha u naxariistee maansoyahankii weynaa iyo isla markaa qore riwaayadeedkii Xasan Sheekh Muumin iyo Cumar Aw Nuux oo asagu ahaa Agaasimaha Waaxda Dhaqanka. Waxa uu ahaa Cumar Aw Nuux aqoonyahan qayuur ah oo u qiiro badan suugaanta Soomaaliyeed. Waxa uu ahaa ninkii u horreeyey ee aan codkiisa ku maqlo maansada Xaajiga (Cumar Aw Nuux dhakhso ba shaqadii buu ka tegey oo u dhoofay Waddamada Gasiiradda Carbeed. Ka dib wax aan malaha mar iyo laba ka badnayn baan Xaajiga arkay; wuxuu ahaa nin ay da'du cuslaysay, anigu na boodda-cadde aad u dhallinyar baan ahaa; isku lug ma aannu noqon karin, sidaas darteed is-barashadayadu aad bay u kooban tahay. Ha-yeeshee mar walba waxa uu ahaa nin xusuustayda suugaan ahaan ugu jira, waayo suugaantu, markeeda hore ba, qof aanad aqoonin bay ku bartaa, waaba se nin aad mar iyo laba kulanteen.

Shakhsiyadda, Alle ha u naxariistee, Xaaji Aadan Axmed Xasan, waxaa laga baran karaa maansadiisa iyo taariikh-nololeedkiisa. Runtii waa shakhsiyad gooni ah oo la yaab leh. Waxaynu maansadiisa ugu tegaynaa waddan jacayl, qiiro iyo ficilo dareen kulul oo Soomaalinnimo ah leh, han iyo hirasho mustaqbal gobannimo Soomaaliyeed ah, hal-adayg iyo geesinnimo mabda' ku dhisan; aqoon, cilmi iyo waayo-aragnimo dheeraad ah oo aan badiba faciis kula mid ahayn.

Waxa uu lahaa naf lahasho badan iyo caqli meel fog iyo wax meel ku maqan daba taagan oo wax kasta oo uu ka haleelo iyo heer kasta oo uu ka gaadho, marna ba aan gunteeda soo taabanaynin ka na haqab-beeleynin. Marka uu hir ka gaadhoba mid kale ayaa u sii muuqda, markaas ayuu halkii uu joogay ka sii hiyi-kacaa oo socod u xidh-xidhaa. Soomaalidu weligeed ba socdaalka debed loo dhuyaalo way taqaannay oo way tacabbiri jirtay; weliba Sanaag, gaar ahaan Ceerigaabo iyo xeebta Maakhirkoos macruuf bay taas ku ahayd; ha yeeshee wixii dadka kale dhoofinayey iyo wixii ay dal dibadeed ka doonayeen wax aan ahayn baa Xaaji Aadan Axmed (Af-qallooc) dabada ka waday oo dhoofka ugu wacnaa. Haddii, tusaale ahaan, qayrkii maal-doon ahaa, asaga maalku wuxuu u ahaa wasiilo uu tu kale ku gaadh leeyahay. Marka aynu hoos u dhuganno maansadiisa iyo taariikh noloeedkiisa, intan Maxamed Baashe buuggiisa ku soo bandhigayo, waxaynu arkaynaa in aanu maal uu raadsadaa wax weyn Xaajiga ku ahayn. Cumrigiisa intii u macayd, ayuu ku laastay socod dhul-mar aan joogsanaynin. Dhibaatooyin aad u tiro badan oo xabsiyo is-daba jooga iyo dil lagu xukumo leh ayaa ka soo maray; haddana sidii sheekadii Sandabaadu-lbaxri, dhul kale ayuu u xidh-xidhaa oo geeddiga u raraa. Waxaa uu daba socday aqoon, waayo-aragnimo iyo cilmi oo intuba ah wax aan guntooda la gaadhin. Haddii marar badan dhul shisheeye lagu xidhay ama dhac iyo dagaallo ku qabsadeen ama dil qudh-gooyo ah loo soo taagay, marar kale na wanaag buu haleelay oo maal, mansab iyo magac ba wuu gaadhay; ha yeeshee mid walba wuu ka dhaqaaqay oo wixii mar walba riixayey baa ka diray. Sannado aad u badan ayuu tii uu haleelo ba ka kordhi oo tu kale na ku sii dar lahaa, ilaa ay da'i ka daba timid.

Waxay Soomaalidu tidhaahdaa: "nin aan dhul marini dhaayo ma leh". Dunidii uu soo maray, waxa uu ku soo arkay wax badan oo uu la jeclaystay dalkiisii iyo dadkiisii. Waxa uu soo arkay dad qaab ummadnimo u nool oo xataa haddii ay qabaa'il iyo qoomiyado kala yahiin, qaran keli ah ku wada hoos nool. Wuxuu dhex-tegey dadyow ay caqiidooda diineed, qaanuun iyo dhisme dawladeed mideeyaan oo ku nabad iyo caano-maala. Waxaa kale oo uu ayagana arkay ummado gumaaysi shisheeye la legdamaya oo halgan ugu jira xorriyaddooda la duudsiyey oo uu qaar ka mid ahna si buuxda uga qaybgalay (Suudaan iyo Falastiin). Sida gabyadiisa ka muuqata arrimahani saamayn aad u weyn bay ku lahaayeen Xaajiga. Maxaa ka hor-taagan in dadkiisa Soomaaliyeed ka baxo oo ka koro tafaraaruqa iyo kala firidhka qabaa'ilka iyo reeraha iyo dirirta dhexdooda ee joogtada ah? Maxaa u diidaya midnimo iyo halgan ay kaga xoroobaan gumaysiga shisheeye, ayna ku xaqiijiyaan gobannimo Soomaali dhammaanteed sinta? Wuxuu guddoonsaday in uu dalkiisii taas baaqeeda ku la laabto oo uu qaylo-dhaanteeda samada ku daruuro. Waa halka ay maansada Xaaji Aadan Axmed ee gobannimodoonka ahi ka bilaabmayso. Magaalada Berbera oo ahayd afaafka toolmoon ee dalka laga galo, ayuu isa soo taagay; wuxuu na markiiba hoos u dhugtay Hindida iyo Carabta tarandaca ah iyo fara-madhnida ay Soomaalidii dalka lahayd kaga nooshahay. Waxaa uu aad uga damqaday sida xun ee ay Soomaalida u la dhaqmaan iyo xilfiga ay la yihiin gumaysiga Ingiriiska. Sidaas ayey maansadiisu, ka sokow gumaysi-diidka ay tahay, u noqotay tu ku liddi ah Hindida iyo Carabta dhulka joogtay waqtigaas.

Farxaddii guushii halgankii gobonnimo-doonka iyo dawladnimadii ka dhalatay wuxuu ka tiriyey tix aad u gaaban; waxaad moodda in safarkii hiyigiisa ee ma-nastaha ahaa uu marxalad kale u sii xidh-xidhnaa. Inta aanay laba-jirsan ayuu durba arkay gobannimadii uu mood iyo nool ba ku dhammaayey ee uu uubaha xabsiga marar badan u galay oo meel xun loo la kacay; waxa uu arkay madaxdii hoggaaminta qaran loo doortay iyo maamulayaashii haya'daha danta guud oo ummaddii ku la dhex-meeraystay eexo qabyaaladeed, musuqmaasaq, ku-danaysi awooddii xukunka iyo faldhaqan xumo faro badan oo kale. Gammuunkiisii maansaeed ee awelba ku wajahnaa gumaysigii shisheeye ayey faran labaad ku furantay; waa faranta dawladdii rayidka ahayd ee halkii gumaystihii shisheeye fadhiisatay.

Halgan dheer oo ilaa saddex toban-guuro soconayey wuxuu inagu dhaxalsiiyey oo uu- Alle ha u raxmadee- inooga tegey murti aan gaboobayn. Marka aynu u fiirsanno, waxaynu odhan karnaa murtidaas udub-dhexaadkeedu waa qaayaha gobannimo iyo qaran dawladeed oo Soomaali oo dhami wadaagto. Arrintaasi waa mid ay wadaagaan badanka maansoyahannadii waagaasu, ma na aha wax ku gaar ah Xaaji Aadan; hase yeeshee, waxa uu Aadan lahaa oo gaar-yeelaya fahamkii iyo macnayntiisa gaarka ah ee la xidhiidha gobannimada Soomaaliyeed. Runtii, sida kollayba ay aniga ila tahay, aqoonta iyo waayo-aragnimada uu socdaalladiisii dheeraa ka kasbaday waxay tuseen wax badan oo aan dad badani waqtigaas arki karin. Asaga gobannimadu u ma ahayn keli ah calan iyo haleelo geel oo dhashay (Maandeeq) sidii laga soo bilaabo horraantii lixdanaadkii laga caado-yeeshay. Nuxurka gobannimadu agtiisa waxa weeye ummad talo leh oo hoggaan iyo haya'do danahooda u maamula leh oo sharci iyo qaanuun kala dabbaalo; caqiidadooda diineed iyo magacooda (Soomaalinnimo) ku walaal ah oo uu ka dhexeeyo nidaam xukun dawladeed caaddil ah oo cududdeeda midaysan isku difaacda.

Maansadiisu waxay gobannimada ku salaynaysaa qiyamta runta, xaq iyo caddaaladda, walaaltinnimada dadka Soomaalida iyo nabadda dhexdooda ah; xaaraan-diidnimo iyo xalaal-quudasho; weyneynta cilmiga iyo aqoonta suubban, mid diineed iyo mid adduun ba; camal iyo dedaal iyo wax-qabashada waxtarka ah; raxmadda iyo in la isu naxariis lahaado; Alle oo kelidii laga cabsado iyo xaqa oo geesi lagu ahaado; horumar heerka adduunka kale lagu gaadho oo cilmi, iyo dhaqaale iyo farsamoba lagu la tartamo; kartida iyo hufnaanta iyo caqliga wanaagsan ee caafimaadka qaba oo laga dhigto hoggaan la na addeeco oo la xurmeeyo; wada-tashi iyo danta oo lagu heshiis ahaado; is-raac iyo midnimo mar walba la isku duubnaado oo cadaawaha qarannimada Soomaaliyeed isku dhinac qudh ah looga wada jeesto. Qiyamtaas iyo intii la mid ah ayey maansada Xaajigu mar kasta xambaarsan tahay oo ay ku baaqaysaa; ma aha baaqa oo kali ahee ay runtii dagaal joogto ah ugu jirtaa, waayo ma ahayn Xaaji Aadan nin dacwadiisa u baryootamaya ee had iyo jeer ba weerar buu ahaa. Waxa uu maansadiisa in badan ku weeraray gumaysigii Ingiriis iyo kuwii ajnebiga ahaa ee dhaqaalaha dalka ku naaxay – sida uu Xaaji Aadan u arkay- isla markaana gumaysiga la saftay; mar kale na waxay maansadiisu weerar ba'an ku qaadday sarkaalkii Ingiriis ee lagu magacaabi jiray Mr Karal, ninkaas oo ahaa Xoghayahii Badhasaabkii u dambeeyey Ingiriis.

Madax bannaanidii ka dib, ayey mar kale talo adduun Xaaji Aadan afka ku soo kala qaadday. Ma walaacin ee markii ba hubkiisii dagaal ee ahaa ereyga suugaaneed ayuu u la kala baxay hoggaan xumadii qaranku ku dhacay. Waxay maansadiisu markan weerar ku casaynaysaa xukun-xumada iyo maamulka dawladeed ee musuqu buuxiyey. Waxay dagaal kulul ku qaadaysaa dhaqan-xumada eexada qabyaaladeed, xatooyada hantida ummadda, laalushka iyo dulmiga dadka dan-yarta ah; ku tanaxweynta awoodda iyo isla-weynida iyo quudhsiga qofka muwaadinka ah ee dani xafiisyada dawladda ka soo gasho; anshax xumada laga tegey qiyamtii akhlaaqda wanaagsan, Alle ka cabsi iyo dadnimo dhammaanteed ee ay madaxdii dawladdu horseedka ka tahay. Waxaa dheer oo ay maansada Xaaji Aadan marxaladdan in badan ka dhawaaqaysaa doorashankii musuqa qabyaaladeed noqday iyo colaadaha ka dhashay, kuwaas oo ay maansadu dembigood dusha u saarayso nimankii doorashada qabyaaladeed dadka ku kala qaybinayey ee belaayada sidaa darteed ayagu afuufay.

Maansada Xaaji Aadan Axmed, waxyaalaha ay qayrkeed dheer tahay waxaa ka mid ah aqoonta iyo cilmiga dheeriga ah ee laga arkayo maansada lafteeda. Waa ta ugu wacan ee keentay in ay maansadiisu noqoto mid dadka ba dhammaantii canaananaysa oo tiratiraynaysa, ku na dhiidhi gelinaysa in ay fadhiga ka kacaan; in gobannimada dalkooda iyo sharaftooda u diriraan oo nafta huraan; in ay dunida kale ku daydaan oo dulliga diidaan; in ay kooda caqliga suubban ee anshaxa hufan ee caaddilka ah ee wanaagga dalkiisa iyo dadkiisa jecel ay xilka u dhiibtaan oo ay ku dhawraan oo ay siduu ugu daacad noqdo, ugu addeecaan; ayna iska jiraan dirashada doorashada kooda aan aqoonteeda, daacadnimadeeda iyo anshaxeeda midna lahayn. Intaas oo dhan iyo ino kale oo aad maansada Xaaji Aadan ku arkaysa ba waa wax lagu gaadhi karo aqoon iyo cilmi la kasbaday oo keli ah. Haddii aad maansada Xaaji Aadan ku aragto ereyo aan asalkoodu Af-soomaali ahayn aad ugu fiirso. Waxaad arki in ay sababtu ballaadhka adduun-araggiisa soo gelaya gabaygiisa, taasoo ka imanaysa aqoonta iyo cilmiga madaxiisa ku jira ee tixdiisa waraabinaya.

Maansadani marka ay qiyamta aynu soo sheegnay guubaabinayso, waxay kaga imanaysaa dhinaca taban; sababtu na waa canaanta kulul ee ay u jeedinayso dadka ay la hadlayso ee ay qaylo-dhaanta waddannimo ku la soo dhex-dhacday. Runtii, taasi waa qaab farshaxannimo suugaaneed oo loo maro nuux-nuuxsiga wixii la rabo in aad xoog loo saaro ama in qalbiga dadka loo dhaqaajiyo. Waxaa suurowda in aanay muuqan qiyamtii xoojintooda loo dan lahaa, hayeeshee ujeeddada ayaa halkaas ah ma na seegayo maanku. Tusaale ahaan, qofkii ku yidhi "beentu ma wanaagsana", ujeeddadiisa waa "runtaa wanaagsan ee sheeg"; adigu na sidaas ayaad markii ba u fahmaysaa. Waxaa kale oo maansada Xaaji Aadan leedahay murti-gabay ama gabay-ku-maahmaah la yaab leh, adeegsiga maldaha sheeko-murtiyeedyada kala jaadka ah, sida sheekooyinka gunburiga dhashiisa ka masayra, careefka iyo raha iyo dameerkii ceeshka siday iyo eygii uu cawaansaday.

Habkaas aynu nidhi waa gabay-ku-maahmaah, waa ka Xaaji Aadan u suurogeliyey in ay maansadiisani noqoto murti ma guuraan oo maalin walba nool. Runtii tixaha badankooda waxaad mooddaa in maantadan aynu joogno la tiriyey. Tixaha qaarkood, sida tixda: "Tabaalaha Adduun" oo kale waa tix aan idhi Allow maanta maa la wada jaxaasto. Siyaasiyiinta maanta ordaysana yaa tixdaas fahamkeeda iyo ku-dhaqankeeda ku itixaama!

Alle ha u naxariistee, tabtii qayrkii ba ku dhacday, afgembigii millateri ee Siyaad Barre ayuu u riyaaqay. Waxii uu sannadaha u halgamayey ee uu awooddiisii maal iyo maanseed ba ku dhammeeyey ayuu taliskii askartu ku dhawaaqay. Wax kale laga ma fili karin in uu taageero mooyee. Waxa ay ahayd goor uu boqolka kor u dhaafay oo uu aad u tamar yareeyey. Waa la malayn karaa xanuunka hungada kaga dhacday "Kacaankii" uu guushii halgankiisii siiyey ee uu is-yidhi hawl dambe ba kaga naso. Sannadihiisii dambe dhaqdhaqiisu aad buu yaraa; waxay aakhirkii dani tidhi in uu nafta fool-eryo oo uu ciiddii ay ku indho-dillaacsatay ku la eerto. Allena taas wuu ku guuleeyey oo halkaas ayaa Xaaji Aadan Axmed Xasan qabrigiisu yahay. Alle ha u naxariisto.

Kelmadda u dambaysa, Maxamed Baashe Xaaji Xasan, waajib ina wada saarraa buu inaga rogay, markii uu hawsha diiwaanka maansada Xaaji Aadan doortay in uu soo saaro. Marka aynu eegno duruufta uu hawshan ugu badheedhay, dagaalladii iyo burburkii dalka iyo kala-hallowgii wax walba ku dhacay ka dib, waa la garan karaa culayska hawlaha uu qabtay iyo inta caqabado adag ka horyimid ilaa uu tixaha halkan ku diiwaan-gashan soo ururiyey uu na daabacay. Alle ha ka jase-siiyo, la'aantii suugaantaasi lumid bay ku dambayn lahayd.

Rashiid Sheekh Cabdillaahi X. Axmed (Gadhweyne)
Xeeldheere Cilmibaadha Arrimaha Dhaqanka, Afka iyo
Suugaanta Soomaalida, Sheffield, Aug. 2008

Waxa aan ka mid ahay inta qiraysa ee aqoonsan in Xaaji Aadan Axmed Xasan (Af-qallooc) ahaa halyey aan gabyaa qudha ahayn, hase yeeshee waddani waxgarada ahaa. Waxa uu aaminsanaa ayaa taariikhdiisa iyo suugaantiisaba wax ka dhigaysa, isagana nooli iyo jiscin u noqonaysa.

Suugaanta hidduhu ma yeelato muraaddo iyo dano gaar ah, maslaxadna uma noqoto cid gooni ah. Hanti laguma doonto ama la isma yidhaahdo wax kale ku kasbada. Keliya waxa ay suugaanta hidduhu u taagan tahay difaaca ummadda, waana qareen iyo dhaadasho ummaddu wada yeelato. Waa suugaanta marka qofka Soomaaliga ahi la kulmo afarta beeni-jaho meel kasta ha ka joogee uu iska dhex arko ee meel u buuxisa, una adeegsan karo waayihiisa, noloshiisa iyo mashaakiladkiisa. Waxa laga yaabaa in qof aan Xaaji Aadan Axmed aqoonba u lahayni in marka uu gabayadiisa akhriyo uu garto in ay wax ugu fadhiyaan oo meel u buuxinayaan.

Suugaanta Xaaji Aadan waxa ay ka mid tahay suugaantaas

hiddaha ee dadka ka wada dhaxaysa ee aan loo eegi karin, shuqulkana ku lahayn reero iyo gobollo toona. Waa suugaan uu qof kastaa aqbali karo. Qof kastaa manaafacaadsan karo, qof kastaana wax ka korodhsan karo.

Gabyaaga sifadaas leh iyo qof kasta oo dhaxal san ka tagaaba, marka uu geeriyoodo waxa uu xaq u leeyahay in la qiimeeyo oo xurmadiisa la siiyo. Qofnimadiisii, wixii uu aaminsanaa iyo wax soo saarkiisii buu ka tegey oo yaalla oo ammaano ku ah inta nool, xilna ka saaran yahay ilaalinteeda iyo dayactirkeeda. Waxa xaq ah in wixii la soo qaado oo 'badka' la soo dhigo. Waxgarad u fadhiisto oo la rogrogo, lana qiimeeyo oo laga soo saaro go'aanno iyo natiijo hoosta ka xarriiqaysa qiimihii hal-doornimo ee qofkaasi ummadda ugu fadhiyey. Waa in meel lagu tiiriyaa oo la yidhaahdaa markii docdan iyo docdaas laga eegay suugaantii Xaaji Aadan Axmed Xasan (Af-qallooc), waxa soo baxday in Xaajigu ummadda ka mudan yahay waxan iyo waxaas, taas oo noqonaysa "Baalkii Taariikhiga ahaa ee Xaajiga" oo dabadeedna dadku tixraacayaa, adeegsanayaa, hanka iyo hirashadu ugu kordhayaan, isna (Xaajigana) xushmad iyo qadderin lagu siinayaa oo u ah maamuus iyo milge ma guuraan ah inta dunidu taagan tahay.

Waa taas ta qofka loogu duceeyaa, laguna hambalyeeyaa ee kalgacalka ummadeed lagu helaa marka sida Xaaji Aadan Af-qallooc oo kale laga tago ee dadka loo reebo dhaxal san oo hidde ummadeed xambaarsan oo aan lahayn sumad qabiil, gobol ama mid kooxeed.

Marka gabyaaga albaabka gabaygu ka xidhmo ee uu geeriyoodo ayaa qiimaynta ugu habbooni timaaddaa. Looma baahdo markhaati durugsan ee waxa marag kacaya wixii uu ka tegey. Waa taas ta xuska iyo xasuusta keenaysa ee la kala dhaxlayaa ee facba jiilka ka dambeeya u sii dhiibayaa.

Suugaanta Xaaji Aadan Axmed Xasan (Af-qallooc) waxa ay la noolaanaysaa 'wiilka wiilkiis' inta dunida guudkeeda lagu dhaqan yahay, isna (Xaajiguna) waxa uu noqonayaa qof la hadal hayo oo quluubta dadka ku jira oo jiil kasta la noolaada. Waayo waxa uu ka tegey ee dadka dhex yaalla ayaa noqonaya wax lagu xasuusto iyo wax lagu xushmeeyo labadaba. Suugaantaas uu ka tegeyna nolosha ayaa loo adeegsanayaa, waana xigmad ku fadhida mabaadi iyo qiyam qofka dhisaysa, geesinnimo gelinaysa, dhiirri ku abuuraysa oo dariiqa u ifinaysa. Qof iyo qofafba taas ayaa laga dab qaadanayaa, lagu dayanayaa oo marin cad jeexaysa oo noqonaysa raad la raaco oo aan waddadiisu gedmasho lahayn.

Suugaantaasi waa hoggaan iyo jihayn ay jiilal badan oo kala dambeeyaa kala dhaxlayaan. Buuggani waxa uu soo bandhigayaa taariikh nololeedkii iyo suugaantaas Xaaji Aadan Axmed Xasan. Buuggu qoraaga wuu soo dhaafay oo dadka ayuu dhex yaallaa. Sidaas darteed waxa laga yidhi Xaaji Aadan Af-qallooc iyo waxa uu isagu (Xaajigu) yidhi bal ha la isla doonto in ay is waafaqaan iyo in kale. Tani waxa ay noqonaysaa qiimayntii Xaaji Aadan Axmed Xasan (Af-qallooc). Buugga ha la akhriyo oo meel ha lagu tiiriyo qiimaynta suugaanta Xaajiga oo ah mid wax badan kordhinaysa abbaar iyo hirasho ahaanba.

Abwaan Maxamed Ibraahim Warsame (Hadraawi)
London, Jan. 2008

Xaaji Aadan Axmed (Af-qallooc) wuxu ahaa "jaadgooni" bini aadamka dhif iyo naadir lagu arko. Waxa uu ahaa nin cimriga, caqliga, carrabka iyo caafimaadkaba barako iyo hoodo Alle u geliyey. Isaga oo 80-ka ah ama dhaafay oo jooga gedaha uu dadku ku talaxgabo, ayuu bilaabay dardar iyo olole hor leh oo gobannimo u dirir ah oo 30-jirka ku adag inuu u badheedho. Isaga oo 100-jir ah ama dhaafay (waa da'da maskaxda irmaani dhaqayo noqoto ama gudhoba), ayuu soo daayey durdurro murti iyo ilhaam ah oo aad mooddo qaarkood waxyaabo maanta taagan inay ka hadlayaan.

Soomaalidu waxa ay ku maahmaahdaa "Nimaan dhul marini dhaaya la'". Xaaji Aadan, Alle ha u naxariisto'e, dhul keliya ma marin ee wuxuu maray dhulal – Qoorriyada Maarseey ilaa iyo Qubanaha Jasiiradaha Indonesia. Waxa uu ka kasbay dhaayo waayaaragnimo oo ka dhex iftiimaya murtida gabay iyo maansada dhaxal galka ah ee uu uga tegey intii Af-soomaali ku hadasha ee ku dhaadata.

Waaya-aragnimadaas dheeraadka ah darteed, waxa maansadiisa ku badan ereyo afaf kale ka soo jeeda: Carabi, Ingiriisi, Hindi, Turki, Urdu iwm. Dad baa u arka maansada ay ereyada afafka kale ku badan yihiin ama ku jiraan nuqsaan iyo iin ama xitaa af-gabnaynimo. Laakiin waa dood aan gun lahayn, waayo ma jiro af aan afafka kale ereyo iyo ishaaraba ka ergisan. Afka aan ereyaduu u baahan yahay ka qaadan afafka kale sidii geed biyo waayey buu dhadhaa oo qallalaa. Waxa kaloo jira arrimo maansada lafteeda iyo miisaankeedu ay lagama maarmaan ka dhigayaan. "Daruurat Ashiar" bay Suugaanta Carabta oo ay tan Soomaalida isku bah yihiini ay u taqaannaa.

Matalan Maxamed Cabdulle Xasan oo aynu wada garanayno ninka uu yahay iyo aftahannimo iyo qaayo suugaaneed halka uu ka joogo, ayaa ku leh gabayadiisa kuwa ugu qiima badan mid ka mid ah:

"Waar maandhow sidii ibilka way ololinaysaaye".

Ereyga "Ibil" waa Af-carabi, waana Geela. Ereygaas nin soo qaban waaya Ina Cabdulle Xasan ma uu ahayn "xaasha'e"! Laakiin xarafka uu ka gabyayey ayaa lama huraan kaga dhigay inuu ereygaa Carabida ah u irkado. Waa isla sababtaa tan Xaaji Aadanna ku qasabtay inuu isticmaalo erey Ingiriisi ah markuu tilmaamayo Jasiirad lagu xidhay culimadii iyo cuqaashii ay maamulkii Ingiriiska iska hor yimaaddeen. Waa baydka ah:

"Arbow Ina Caliyo Nuux Furraa Aylankii jira'e"

Suugaanta iyo fikirka Xaaji Aadan qiimayntoodu waa ku culus tahay qof suka ah iyo qalin keliya, waxaase igaga filan baan u malaynayaa inaan soo xigto erayo uu yidhi macallinkii caanka ahaa ee Afka iyo Suugaanta Soomaaliyeed, Dr. Andrawiski oo Soomaalidu u taqaanney Guush.

Siddeetannadii ayaa Aadan Nuux Dhuule oo markaa BBC-da u shaqaynayey, barnaamijyona ka diyaariyey Suugaanta Xaaji Aadan, wuxuu Guush weydiiyey siduu u arko Maansada Xaajiga. Wuxuu yidhi Guush "Anigu Xaajiga ma idhaahdeen Xaaji Af-qallooc ee waxaan odhan lahaa Xaaji "Af-dahab". Waa jawaab aan laaxin laga goynayn, waxana dheer dahabka iyo maadhka kale ee adduunyoba waa suulaan, waana qiima dhacaan, Suugaanta Xaaji Aadanse waa midaan duugoobayn, qiimaheeduna aanu dilmayn. Markuu tiriyey dadkuu la hadlayey haddaanay ku wada duxin waxay u badan tahay ayniyo soo socda oo Soomaaliyihi inay u aayaan tilmaan iyo toogo ku gaadhna ay dhigtaan.

Qoraaga Maxamed Baashe Xaaji Xasan oo wax soo saarka qalinkiisu aanu inagu cusbayn, wuxuu mar kale muujiyey karti iyo xilqaad lagu bogaadiyo iyo inuu leeyahay awood qoraagu aanu ka maarmin oo ah adkaysanka iyo u dhabaradayga xilka qoraalka. Waa in nafta geed lagu xidhaa, waana mid uu Maxamed Baashe markan iyo marar horeba sameeyey. Abaalkeed iyo ducadeedba waa mid uu leeyahay oo istaahilo.

Maxamuud Sheekh Axmed Dalmar
Taariikhyahan, Suxufi Ruugcaddaa ah,
London, Aug. 2008

HIBEYN

Buuggan **"Hal Aan Tebayey"** oo ku saabsan suugaantii iyo baal-taariikheedkii abwaankii weynaa ee waddaniga ahaa Xaaji Aadan Axmed Xasan (Af-qallooc) waxa aan u hibeynayaa hal-doorka ummadda ee birmageyada ah inta mootan iyo intooda nool ee hal-abuur dawana leh, ee halyey dirira leh, ee deeqsi looga leh, ee garyaqaan dooda leh; ee ah waayeel dul leh ama dhallinyaro dunwanaag leh; rag iyo dumar labada daamoodba.

Si gaar ah waxa aan buuggan hibeyntiisa ugu muunaynayaa maamuus ahaan **"Naadiga Akhristayaasha Hargeysa"** (**Hargeisa Readers Club 'HRC'**) oo ah iftiin shamacyadiisu ka hirayaan magaalada Hargeysa, una heellan oo ku foogan geeddi-gelinta, kobcinta iyo noolaynta ereyga qoran laxaadkiisa awood ahaan iyo kaalin-qaadkiisa ficil ahaanba.

Maxamed Baashe X. Xasan

MAHADNAQ

Waxa aan halkan mahad iyo abaalba ugu madhxinayaa intii igala qayb qaadatay, si toos ah iyo si dadbanba, in buuggani dhaayaha akhristayaasha hor-yimaaddo. Iyada oo aanan wada koobi karin inta mahadnaqaygu u socdo ha wada gaadho'e, haddana ugu horrayn waxa aan u mahadcelinayaa **Axmed Xaaji Aadan Axmed (Af-qallooc)** iyo **Mahad Axmed Xaaji Aadan Af-qallooc** oo aan ka helay xog ma dhaafaan ah iyo kal-baxsanaan wada shaqayneed oo la'aanteed weydnimada buuggani ka sii kobocsanaan lahayd inta ay maanta noqon karto. **Axmed** iyo **Mahadba** waxa ay qayb libaax ka qaateen agabaynta buuggan dhinaca gabayada, tebinta taariikheed iyo sawirradaba, waxaana sugan oo hubaal ah in aanan taab buuxa hore u qaadeen iyaga maqnaantood.

Sidaas si la mid ah waxa aan mahad ma guuraan ah u naqayaa **Shirkadda Dahabshiil, Jamaal Cali Xuseen, Cabdishakuur Saleebaan Siciid, Siraad Maxamuud Ducaale** iyo **Abokor Ibraahim Xasan (Qoorgaab)** oo ii fud"udeeyey in buuggu daabacaadda u gudbo, ka dib markii aan ka helay dhaqaalihii buuggan ka dul kiciyey waraaqihii uu ku negaa ee kaalin geliyey.

Waxa aan mahadnaqaas mid u dhigma u hayaa **Xuseen Nuur Axmed (Al-xuseyni), Axmed Colaad (Qorane)** iyo **Yuusuf Cismaan Cabdille (Shaacir)** oo iigu deeqay xog mug leh iyo gabayada qaarkood. Waxaanan kaloo marnaba iloobi karayn oo bedankayga dhex jiifa kal-baxsanaantii iyo hagar la'aantii **Rashiid Sheekh Cabdillaahi Xaaji Axmed (Gadhweyne)** iyo **Maxamuud Sheekh Axmed Dalmar** oo aan la itaalsaday tifatirka buugga iyo nakhtiinkiisa, **Rashiid Sheekh Cabdillaahi** waxa kale oo uu gacan libaax ka geystey laaxin saarka gabayada.

Dr Jaamac Muuse Jaamac iyo aaladda **Ubbo** ayaan iyana u hibaynayaa maamuus iyo mahadnaq kaalinta ay ka qaateen dib u saxa buugga, gaar ahaan dhinaca higgaadda. **Ubbo** waa hal-alooseen u dhalatay sixidda higgaadda Af-soomaaliga. Ubbo waxa farsameeya Dr Jaamac Muuse. Xogta Ubbo fadlan ka dheeho www.redsea-online.com

Maxamuud Sheekh Axmed Cali (Sheekh Jabha), Cabdikariim Yaasiin Sheekh Dalmar iyo Faarax Xuseen Maxamed (Canbaashe), ayaan si gaar ah iyana ugu mahadnaqayaa dedaalkii ay mar kastiba ila garab taagnaayeen iyo kaalmadii tayaynta agabka buuggu adeegsanayo guud ahaan iyo gaar ahaan sawirrada oo Cabdikariim Yaasiin Sheekh Dalmar iyo Faarax (Canbaashe) kaalin weyn ku lahaayeen.

Mahad iyo maamuus waxa aan u hibeynayaa iyana badhitaarayaasha ay ka mid yihiin: Cabdullaahi Sheekh Axmed (Hantiwadaag), Maxamed Ibraahim Warsame (Hadraawi), Saciida Saleebaan Siciid, Khadra Daahir Af-qarshe, Axmed-mataan Ibraahim Warsame, Siciid Cismaan Guuleed, Axmed Yaasiin Muuse, Cumar Yuusuf Bulay, Dr Yaasiin Maxamed Cabdi-Dheere, Kayse Siciid Axmed (Bil-khasab), Maxamed Cabdi Xasan, Axmed Cali Fandhaal, Yuusuf Sheekh Ibraahim Sheekh, Ibraahim Yuusuf Axmed (Hawd), Ismaaciil Faarax Laqan, Cabdiraxmaan Axmed Dooddi, Cali Mijir Qaaddi Maxamuud, Maxamed Cismaan Maxamed (Khadar Laan), Faarax Axmed Xuseen, Farxaan Maxamed Guuleed, Jaamac Abokor Dubbad (Indhacase), Sacad Maxamed Cali, Baashe Weylaraac, Aadan Ciise Aw Cali (Dhako), Seyid Maxamed Yuusuf Dhegey, Maxamuud Guuleed Hawle, Maxamed Yuusuf Mire, Cabdilqaadir Maxamuud Guud-cadde, Maxamuud Nadiif Cajeb, Siciid Jamac Xuseen iyo inta kale ee ruuxba uu kaalin ku lahaa in buuggani ifka yimaaddo.

Maxamed Baashe X. Xasan
London, 2008

HORDHAC

In badan waxa dareenkayga gudaha u xoqayey sida lisinku mindida u soofeeyo si la mid ah sidii loo daba qabatayn lahaa taariikhda ummadda oo aan mar kasta maankayga ka bixin in baylahdeedu badan tahay, halisna u tahay in wax badan oo ka mid ahi ay u tasoobaan dayac dartiis. Ummad aan taariikh sugan lahayni, waa ummad aan jiritaankeedu sugnayn. Buuggan **Hal Aan Tebayey** (The One I Yearned For Most) oo ku saabsan **Sooyaalkii Suugaaneed** iyo **Baal-taariikheedkii** halyeygii waddaniga ahaa ee **Xaaji Aadan Axmed Xasan (Af-qallooc)** waxa uu ka dhashay dareenkaas werwerku ku takhlan yahay. Taariikhda dadka ayaa sameeya. Ficilada iyo falaadyada aadmiga; maan iyo muruq ahaan; ayaa dhaqan-galka taariikheed geeddi geliya.

Xaaji Aadan Af-qallooc oo kale waa ku **"dhif iyo naadir"** Soomaalida dhexdeeda, waxaana loogu horraysiin karaa foolaadka hal-doorkeenna taariikhda ummadda docdeeda ugu mudan ka kulaalaya. Sababta taariikhda dadka qiimaha leh dayaca looga tudhaa ee loo soo nooleeyaa waa in jiilka nool iyo facyaasha dhabarka ku jira ee dhalan doonaaba kaga daydaan dadaalkay u soo galeen xaqiijinta himilada dadkooda, dalkooda, dhaqankooda iyo qabitaannadooda caqiido ee ummadeed iyo in taariikhdaas lagala soo dhex baxo oo laga soo tuujiyo tibaaxo iyo gundhigyo iftiiminaya waayihii iyo duruufihii ummaddu ay soo jibaaxday ee godolba ay soo joogtey, shar iyo khayrba, taasoo ogaanshaheedu wax weyn ka tarayo xal u helidda iyo furdaaminta dhibaatooyinka joogtaysan ee ummaddaas, lagana bidhaamin karo sii hilaadinta iyo u tabaabulshaysiga timaaddadeeda berrito soo foolka leh waajib gudashooyinkeeda. Buuggani dhinacaas waa ka dhiirri gelin. Dhinaca kalena waa ka kayd suugaaneed ilaalinaya (xafidaya), faafinayana dhaqanka iyo murtida afkeenna hooyo. Dhinac kalena buuggu waa ka abaalgud lagu muunaynayo in qofka ficil wadaraysan oo milge iyo sharaf leh la god galaa magaciisu aanu ka bixin kayd-yaalka taariikhda, xiska iyo xusuusta ummadeed. Si la mid ah wanaaggii uu sameeyey ayuu magacaasi wanaag iyo maamuus halkaas ugu waarayaa inta dunidu uumman tahay, una noqonayaa if iyo nuur lagu soo hirto oo laga dab qaato iyo dhaxal dhitaysma oo maanka dhaya, laguna indha kuusho.

Qiimaha iyo tayada sarraysa ee Xaaji Aadan lahaa, hal-doornimadiisa, indheer-garadnimadiisa iyo qayuurinnimada hal-muceedka ah ee hal-abuurkiisa qiirada miidhan ah waxa lagala soo dhex bixi karaa gabayadiisa badan ee xilligii gobannimo-doonka iyo xilliyadii ka dambeeyey ee dawladihii sibilka ama rayadka ahaa iyo waayadii kacaannimada, gabayadaas oo intooda badan loogu tegi doono oboc weynta buuggan **Hal Aan Tebayey.**

Saddex marxaladood oo xidhiidhsanaa oo dalka iyo dadkuba soo mareen ayay gabayada Xaaji Aadan Af-qallooc si sokeeyennimo ah u gorfaynayaan, waxanu Xaajigu ahaa hal-abuur si qotodheer ugu fiirsada oo dhug u yeesha dhacdooyinka ka ilmo roganaya halku uu ku nool yahay. Waxa uu ahaa goobjooge si wanaagsan u falanqeeya oo gabay ku faalleeya wixii maanta dhacayey ee uu arkayey, isaga oo ku lifaaqaya dhacdooyin ka horreeyey oo xidhiidh la wadaagaya tan uu maanta faaqidaaddeeda soo bandhigayo. Waxa uu awood u lahaa inuu si sahlan gabay ugu soo gudbiyo fikraddiisa ku saabsan muuqaalka kasta oo nolosha ka mid ah, isaga oo u il furnaa caalamka kale iyo waxa ka dhacayaa xidhiidhka ay dadkiisa iyo dalkiisa la leeyihiin iyo saamayntooda shar iyo khayrba. Saddexda marxaladoodba arrintaas si mug leh ayaad uga dhex dhadhaminaysaa gabayadiisa. Saddexdaas marxaladood waxa ay kala yihiin:

b. Sannadihii 1940-naadkii iyo wixii ka horreeyey 1960. Waa xilliyadii uu socdey halgankii gobannimo-doonka ee gumeysiga lagu kicinayey. Xaajiga gabayadiisa iyo hadafkiisuba gobannimo u dirir aan gorgortan gelin buu ahaa. Dadka waxa uu hogatusaaleyn jirey qiimaha xornimada iyo waajibaadyada aan la gefi karin in loo maro xaqiijinteeda.

t. Marxaladda labaadna waxa ay ahayd sagaalkii sannadood ee gobanimada ka dambeeyey (1960 – 1969). Xilligaasi waxa waddanka taladiisa u kala dambeeyey dawlado taag daran oo rayad lagu tilmaami jirey. Waxanay caan ku ahaayeen ku dhaqanka qabyaaladda iyo caadaysiga musuqmaasuqa. Xumaan badan oo madaxdii dawladdu horseed ka ahayd, ayuu Xaaji Aadan marxaladdanna dadka u soo bandhigayaa.

j. Marxaladda saddexaadna waxa ay ku beegmaysaa xilligii kacaannimada ee askartu ay dalka maamulayeen. Sidii dadka Soomaalida intooda ugu badani u taageereen inqilaabkii ciidamadu hormuudka ka ahaayeen, ayuu Xaaji Aadan Af-qalloocna u soo dhoweeyey is-beddelkaas.

Saddexdaas marxaladood ee aynu xusnay gabay kastaa waxa uu muraayad u yahay oo laga dhex halacsanayaa waayihii iyo duruufihii jirey ee dalka iyo dadku ku sugnaayeen. Gabayada Af-qallooc marka aad la kulanto waxa aad dareemaysaa in ay lafta iyo dhuuxa ka nool yihiin oo ku dherersamayaan waayahan haddeerto la joogo. Waxa aad is moodsiinaysaa inuu haddeerto tirinayo, kana hadlayo nolosha maanta iyo daruufaha jira Soomaalida dhexdeeda iyo caalamkaba guud ahaan. Buuggan *Hal Aan Tebayey* waxa uu haddaba si mug iyo miisaan leh isu dul taagayaa saddexdaas marxaladood iyo gabayadii ka dhashay ee Xaajiga Aadan Af-qallooc, waxaanu dhinaca kale soo bandhigayaa taariikh nololeedkii Xaajiga, barbaaritaankiisii, hanaqaadkiisii iyo inta jeer ee Alle saymo iyo sursuur oodan ka samata-bixiyey, noloshiisii qurbaha iyo inta uu badweyn iyo xuduudo u kala gooshay iyo halgankiisii gobannimo-doonka ahaa dibadda iyo markii dambe ee waddanka uu ku soo laabtayba. Waa taariikh hodan ah oo dhawr jiil iyo dhaqammo kala duwan aqoontood iyo waaya-aragnimadood minjaheedu ka soo jeedaan oo madaxa ku haysa. In ku dhow lixdan gabay, mid la soo wada helay iyo mid tuducyo laga hayaba, ayuu buuggu weelaynayaa. Waa suugaan la yaab leh oo aan ku ekayn xilligaas uu Xaajigu tirinayey duruufihii jirey. Waxa ay la jaanqaadaysaa wacaasha iyo waayaha bulsheed ee Soomaalida maanta.

AFEEF

Waxa aan ka cudurdaaranayaa in ay jiraan gabayo kale oo Xaajigu lahaa oo buuggan ka maqan oo aan hubo in qaarkiin tebi doonaan. Waxa kale oo jirta mushkilad kale oo igala kulantay gabayada aan helay. Gabay kastaa waxa uu ahaa oo iga soo galay gacantii labaad ama saddexaad iyo ka badanba. Muglo iyo mulaaq badan ayaan badiba gabayada kala kulmay, haddii ay noqon lahayd gabay si khaldan u duuban ama u qoran iyo laba gabay oo isku dhex murugsanba. Taasna waxa ka dhalan kara khaladaad baaqi ahaan kara oo dadka qaar masanuunin karaan. Sidaas darteed waxa aan ka codsan lahaa ciddii arrimahaas iyo xog kale oo dheeraadaba heshaa in aanay igala masuugin in ay ii soo tebiyaan si mustaqbalka loogu daro daabacaadda labaad ee buugga ama si kaleba looga faa'iidaysto. Waxa kale oo aan ka badheedhayaa in buuggani ka dhashay dedaal qof ahaaneed oo leh waayihiisa, duruufihiisa iyo kala dhinaanshihiisa qofnimo, waana halkaas biyo-shubka saluug kasta oo isa soo maqiiqaa ee ula-kac iyo xilkasnimo la'aan dacalka kuma hayso.

Qoraaga Buugga
Maxamed Baashe X. Xasan

QAYBTA IAAD

HANAQAADKII XAAJIGA IYO NOLOSHIISII
QURBAAWINNIMADA
(1871 – 1941)

HANAQAADKII XAAJI AADAN AF-QALLOOC

Xaaji Aadan Axmed Xasan oo loo yaqaanney Af-qallooc; Alle naxariistii janno ha ka waraabiyo'e; waxa uu ahaa la-higsade habeen-dhalad ah; hiboole qalanbaawi ah oo Alle siiyey gallad ahaan laba shay oo badiba dadku ku ducaystaan; cimri dherer iyo caafimaad qab; oo u soo joogey duruufo iyo wacaalo badan. Qarni iyo rubuc ku dhowaad ayuu Xaajigu noolaa. Miyiga Ceerigaabo degaanka loo yaqaan Hal-Dhaagan ee Togga Midhisho, ayuu ku dhashay hilaadin ahaan gu'gii 1871. Hal-Dhaagani waxa ay qiyaastii magaalada Ceerigaabo 50 Km ka xigtaa dhinaca Waqooyi Bari. Sannado kale ayaa la tilmaamaa in Xaajigu dhashay, sida 1850 ama 1862 oo aan kula kulmay cajelado Radyow Muqdisho iyo Laanta Afsoomaaliga ee BBC-du duubeen maalmihii Xaajigu geeriyoodey ka dib, wax badanna aan ka soo qaatay oo u adeegsadey qaybtan bilowga ah ee buugga, hase yeeshee Axmed Xaaji Adan Af-qallooc ayaa ii xaqiijiyey inuu afka aabbihii ka qaaday sannadkii uu geeriyoon doono inuu 115 jirsadey.

Xaajigu waxa uu ka dhashay qoys xoolo dhaqato ah oo u kala guur guura oo dega Ceerigaabo barigeeda, guban iyo xeeb. Dhinaca aabbaha waxa uu Aadan Af-qallooc ahaa ilmihii sagaalaad, xagga hooyadana curad ama ilmihii koowaad. Hooyadii Dahabo Dhunkaal Dhega-yare waxa ay Alle ha u naxariisto'e ka soo jeeddey qoys aad looga yaqaanno degaannada Jiidali ee Bariga Ceerigaabo iyo Degmada Xudun ee Gobolka Sool. Xaajiga aabbihii Axmed Xasan Alle naxariistii janno ha siiyo'e, waxa uu ahaa nin aftahan ah oo geed joog leh. Axmed Xasan waxa uu caan ku ahaa laynta shabeellada dad qaadka ah. Aadan Af-qallooc xilligii uu carruurta ahaa ma jeclayn inuu xoolaha raaco, waxaanu xiisayn jirey inuu wax ka ogaado caalamka ku hareeraysan iyo waxyaalaha ka jira, gaar ahaan badda ayuu aad uga heli jirey.

Muddadaas dheer ee uu Xaajigu noolaa waxa uu la kulmay oo noloshiisa soo foodsaaray masiibooyin iyo saymo tiro badan oo aan badiba dadka kale soo marin, kuna taxmayey xilligii uu cayddiga ahaa iyo yaraantiisii. Waxa Xaajiga lagu tilmaami karaa inuu ahaa nin nasiib badan oo burji rabbaani ahi uu ku lammaanaa.

Mar kasta oo halis iyo dhibaato adagi la soo dersaan Faxanaha ayaa ferej u furi jirey oo saymo iyo halis kasta ka samata bixin jirey.

Afar jir ayuu ahaa Xaajigu goor habeennimo ah markii uu libaax kala dhex boodey qoyska reer Axmed Xasan miyiga Ceerigaabo. Cabbaar markii uu libaaxu la ordayey Xaajiga, isaga oo qawlallada ku sita oo lalansanaya, ayuu kayn cidla' ah inta uu dhigay Aadan oo dhaawac ah kaga dhaqaaqay! Inkasta oo ay masiibadaasi u soo hoyatey qoyska, haddana waa lagu samray, lagamana rajo qabin in il iyo baal dambe la saari doono ilmahaas yar ee libaaxu la tegey. Laba caanomaal ayuu Aadan yaalley kayntii libaaxu dhigay. Xayn adhi ah oo soo fooftay, ayaa ku soo ekaatay kayntaas. Adhigii ayaa arkay ilmaha kaynta dhex yaalla, waxanu sameeyey dareen didmo ah oo kayntii buu dib uga faagtey. Gabadh adhiga la joogtey, ayaa kayntii adhigu didmada ka muujiyey hore ugu martay. Waxa ay aragtay ilmaha kaynta dhex yaalla. Way ku sii dhowaatey. Indhaha ayay qac ku siisay dhiig sii yara qallalaya oo ka baxay Aadan, una dhexeeya isaga iyo halka uu jiifo. Dhiiggii isu hayey Aadan iyo ciidda ayay ka fujisay. Way qaadday oo waxa ay kula eeratay halkii ooshu taalley. Aadan waa la bakhti afuufay. Waa la baantay, waanu ladnaaday. Muddo ka dib markii uu bogsadey, ayaa meel la isugu yimi laga yaboohiyey. Waa la gartay inuu yahay Ina Axmed Xasankii libaaxu qaatay maalintii dhowayd, waxana loo geeyey qoyskiisii oo mar hore ka samray, tanina ku noqotay "farxadi waa naxdin"; u qaadanwaa iyo fajaciso! Kaasi waxa uu ahaa saymihii ugu horreeyey ee Alle ka samata saaro Xaaji Aadan Axmed (Af-qallooc), mase noqon kii u dambeeyey. Naanaysta Af-qallooc waxa ay ka soo jeeddaa lafteedu dhaawacyadii berigaas libaaxu gaadhsiiyey.

Afar sannadood ayaa ka soo wareegay Aadan Af-qallooc markii uu la kulmay haddana masiibo kale oo la yaab leh. Siddeed jir adhi ku raaca ayuu ahaa xeebta Xarshowga ee Bariga Maydh. Maalin maalmaha ka mid ah, ayuu Aadan khoorriga badda ka helay loox ballaadhan oo xagga badweynta ka soo caaryey. Looxii buu fuulay oo ula sii sabbeeyey sida huudhiga dhinaca badweynta. Hirarkii baddu waxa ay looxii iyo Aadan oo saaran u jiiteen xagga moolka. Habeen ayuu u hoydey Af-qallooc badweynta dhexdeeda looxaas dushiisa. Aroornimadkii dambe ayaa saddex doonyood oo badda marayey arkeen looxa weyn ee ilmaha yar la sabbaynaya.

Niman Danaakilo, Suudaani iyo Cummaannida reer Suuri ahaa, ayaa doonyahaas wada lahaa.Waa doonyo xeebaha Soomaalida ka guran jirey kalluun iyo macdan luulku ka mid yahay. Xilliyada badfuranka oo keliya ayay doonyuhu iman jireen xeebahaas.Xaaji Aadan ayay doonyahaasi u gurmadeen oo badbaadiyeen. Runtii way badbaadiyeen, hase yeeshee way qabsadeen, kaxaysteen oo ugu shaqaysteen sidii qof ay soo iibsadeen addoonsi ahaan. Mar kale ayaa Aadan noloshiisa candhuuf qallalan dib looga liqay. Dhimasho iyo in ay baddu liqday ayaa lagu tirinayey markii dhawr toddobaad la waayey meel uu jaan iyo cidhib dhigay raq iyo ruux, waana laga samray.

Xilligii badfuranka ee imashada doonyaha ayaa soo galay. Lix bilood ka dib, ayay qolyihii doonyaha oo Aadan wataa xeebaha Soomaalida ku soo laabteen. Doonyahaasi waxa ay yimaaddeen oo ku soo xidheen tuulada Waqdariya oo ku dhacda meel u dhaxaysa Maydh iyo Laasqoray, si ay halkaasi saad ama raashin uga sii iibsadaan. Xilligaas arlada lacag laguma isticmaali jirin oo lagama aqoon. Waxa ka socon jirey hannaanka wax kala beddelashada. Badeeco ayaa lagu beddelayaa mid kale oo u dhiganta qiimo ahaan. Waqdariya waxa iyana xilligaas joogey oo yimi niman Soomaali ah oo geddisley ah oo watey adhi ay doonayeen in ay ku beddeshaan dhar iyo raashin. Nin reer Laasqoray ah oo ka mid ah raggii geddisleyda oo la odhan jirey Cali Gaacir, ayaa fahmey in inanka yar ee nimanka ajanebiga ah doonnida u saarani uu yahay Soomaali. Cali Gaacir waxa uu dabadeed u sheegay badmaaxyadii in ay soo daayaan inanka yar ee ay wataan. Badmaaxyadii way u dhoolla caddeeyeen, waxanay Cali Gaacir u muujiyeen in aanay diyaar u ahayn in ay codsigiisa aqbalaan. Galka ayuu Cali Gaacir seefta ka siibay oo waxa uu ku xila furay inuu dhammaantood birta ka asli doono oo laynayo haddii aanay soo dejin inankaas yar. Nimankii doonyaha watey ee shisheeyaha ahaa ishooda ayaa u macallin noqotay, waxanay garwaaqsadeen in dhibaato weyni soo gaadhi karto haddii aanay iska rogin Aadan, waanay iska soo dejiyeen.

Cali Gaacir wuu soo kaxeeyey Aadan Af-qallooc. Gurigiisa ayuu keenay oo muddo kula noolaa. Ooshii Cali Gaacir meel ku ogog leh oo aan waxba ka fogayn ayaa waxa soo degey degmo ay u dhaxday Af-qallooc habaryartii rumaad. Maalin bay Aadan habaryartii ku soo baxday carruur meel ku ciyaaraysa. Aadan Af-qallooc ayaa uga dhex muuqday. Way fajacdey oo in wax is tuseen ayay mooddey! Fiiro dheer ayay ku eegtay, waanay aqoonsatay in qofka ay aragtaa Aadan yahay. Way ku barooratay. Aadan Af-qallooc waatii laga samray ee in baddu liqday maskaxda lagu wada hayey. La-yaab! Waa isagii oo waa nool yahay! Way isku duubtay oo gosheeda gelisey. Cali Gaacir waxba kama uu qabin in Aadan Af-qallooc qoyskiisii dib ula midoobo, hase yeeshee waa inuu isla taagaa erey uu dhaafsado inanka yar ee uu ka soo dhiciyey shisheeyaha haystey. Cali Gaacir waxa uu dalbaday magtii Aadan. Gartaa jilibka loo aasay, si arrinta meel loogu tiiriyo. Arrini waxa ay fadhiisatay in Cali Gaacir loo abaal gudo, sidii baana la yeelay oo waxa la siiyey maal wanaagsan.

Kurey xoogle ilaa afar iyo toban jir ah ayuu Xaaji Aadan ahaa markii ugu horraysey ee uu iskii dalka dibedda uga baxo, waxanu noqday qurbaawi in badan ku noolaa meelo badan oo dunida ka mid ah sida aynu goor dhow hoos ugu tegi doonno. Doonni dhinaca magaalada Cadan u gooshaysay oo adhi iyo dhuxul sidda ayuu Af-qallooc ka raacay xeebaha Sanaag. Safarkaas badda oo aan dhammaan ayay baddii kacday. Doonnidii ayaa makhluuqii saarnaa la baaxaadegtey, dakhalkiina ka jabay oo degtey. Masiibadaas waxa ka badbaadey dhawr qof oo Xaaji Aadan ka mid ahaa. Markab badweynta marayey ayaa arkay doonnida halligmaysa, waanu u soo gurmadey. Aadan Af-qallooc iyo dhawrkii qof ee badbaadey, ayuu markabkaasi geeyey magaalada Cadan ee dalka Yemen.

Muddo ayuu Xaaji Aadan ku sugnaa magaalada Cadan. Waxa uu ka il bogtey Cadan iyo duruufihii ka jirey oo shaqo la'aani ugu weynayd. In uu Yemen ka sii tacabbiro ayuu Xaajigu go'aan ku gaadhey. Markab u shiraaqnaa Hindiya ayuu gurada jaray oo ku dhuuntay. Khan ka mid ah khananka hoose ee markabka ayuu galay. Halkaas buu ku jirey muddo ku siman afar caanomaal. Raashin yar oo uu sahay ahaan u sii qaatay iyo biyihii ayaa ka

gabaabsiyey, aakhirkiina ka dhammaaday. Khankii uu ku
dhuumanayey ayaa ku kululaaday oo uu hayn waayey. Kor ayuu
uga soo boodey sidii gammuun la ganay. Markabka waxa lahaa
shirkad Ingiriis ah. Shaqaalihii markabka oo Hunuud u badnaa ayaa
kala yaacay markii ay arkeen qofkan yar ee khanka hoose ka soo
baxay. Waxa ay la noqotay in waxa hoos ka soo mudh yidhi uu
yahay shaydaan ama jinni badda ka soo baxay. Kabtankii markabka
ayaa loo dhibay, waxaanu Af-qallooc gacanta u geliyey ciidamadii
bilayska Hindiya markii ay ku xidheen xeebaha dalka Hindiya.
Xaajigu xabsi dhawr biloodn ah ayuu ku galay Hindiya, ka dibna
waxaa dib loogu soo celiyey magaalada Cadan. Jeelka ayaa
Cadanna la dhigay. Bil ka dibna waxaa loo masaafuriyey dalkiisii
hooyo. Aadan Af-qallooc waxa uu dabadeeto dib ugu laabtay
noloshii reer miyinnimada iyo xoolo dhaqashada. Soddon jir ayuu
ku gaadhey noloshaas. Xaajiga oo qiyaastii markaas ahaa ilaa 31
jir, ayaa mar kale u tacabbiray waddanka Yemen. Waxa uu degey
Sanca, kana sameeyey tijaarad weyn sida aynu meel kale ugu tegi
doonno. Meel u dhaxaysa labada magaalo ee Sanca iyo Cadan isaga
oo safar ah ayay iska heleen niman qawlaysato budhcad ah. Dagaal
ba'an ayuu Af-qallooc la galay nimankaas shuftada ah, waxaanu
isaga oo is difaacaya ka diley nin ka mid ah. Waa imtixaan kale oo
Xaajiga dariiqaas ku sugayey. Waa masiibo ka mid ah saymayaashii
badnaa ee soo taxnaa ee u kala dambeeyey. Ciidamadii ilaalada
Ingiriiska ee Cadmeed ayaa markaas Aadan Af-qallooc gacanta ku
dhigay. Xabsi Cadan ku yaalla ayay ku tuureen. Maxkamad ayaa la
saaray, waxana lagu xukumay dil toogasho ah.

Xaajigu waxa uu ahaa maalqabeen, waxaanu lahaa macaariif
badan oo Soomaali iyo Yemaaniba ka kooban. Isku day kasta oo
loogu hollado in lagu jebiyo xukunkaas dilka ahi wuu socon
waayey, hase yeeshee nasiib wanaag waxa suurta gashay in uu
dilkaas ka badbaado ka dib markii Xaajiga iyo niman kale oo la
xidhnaa fursad u heleen in ay jeelka ka baxsadaan. Af-qallooc waxa
uu ku dhuuntay mar kale markab kale oo u shixnadan waddanka
Faransiiska. Xeebaha Faransiiska ee Marseille, ayaa lagu qabtay.
Waa la xidhay, muddo ka dibna waxa loo soo masaafuriyey
magaalada Djibouti.

XAAJIGA IYO NOLOSHIISII QURBAAWINNIMADA

Xaaji Aadan Af-qallooc, isaga oo cayddi ah, ayay macaamil wada yeesheen caalamka dibedda. Nimankii doonyaha watey ee shisheeyaha ahaa (Danaakilo, Suudaani iyo Carab) ee Af-qallooc badda moolkeeda ka helay iyada oo loox la sabbaynayo, waatay ballaysimeen noloshiisa qurbaha isaga oo siddeed jir ah. Afar iyo toban jir waatii uu qurbe ugu tacabbiray ee inta uu Yemen sii jiidhay ilaa Hindiya kaga gooyey xawaare dheer oo halis miidhan ah.

1902-dii ayuu Xaaji Aadan Yemen u dhoofay. Cadan ayuu muddo ku noolaa, waxaanu ka mid noqday shaqaalihii doonni uu lahaan jirey nin Soomaali ah oo loo yaqaanney Cabdoo Ciise. Xaaji Aadan waxa uu fursad u helay inuu doonnidaas badiba ku soo wada maro marsooyinka ku yaalla dhulalka Soomaalida, Djibouti, Yemen, waddamada Khaliijka iyo Shaam. Maal xoog leh ayuu ka tabcay shaqadaas oo uu sarkaalnimo ku gaadhey. Muddo ka dib shaqadii doonnida wuu ka fadhiistay. Waxa uu degey magaalada Sanca. Koox ganacsato ah oo ka koobnayd Soomaali iyo Carab ayuu Xaajigu ka mid noqday. Kooxdaasi waxa ay ku jirtey baayacal mushteri ay ugu kala gooshaan Yemen iyo Soomaaliya. Yemen ayay ka qaadi jireen alaabooyin ay ka mid yihiin sonkor, dhar, faraajiin, dugaagado, irbado iwm. Soomaaliya waxa ay soo dhoofin jireen adhiga iyo dhuxusha.

Sidii aynu meel hore ku soo xusnay waxa uu Xaaji Aadan ka mid noqday maalqabeenka Yemen ku nool. Xoolihii badnaa ee uu yeeshayna waxa ay ka duuleen ka dib markii ay budhcaddu ka heshay Cadan iyo Sanca dhexdooda, ninkuna ku dhintay, isna (Xaajigana) la xidhay, dilkana lagu xukumay. Markii uu jeelka ka baxsaday ee Faransiiska laga soo masaafuriyeyna waatii Djibouti laga rogey.

Magaalada Djibouti waxa uu uga sii gudbey magaalada kale ee Obokh oo iyana uu muddo ku negaa intii aanu u sii dhaafin magaalada Musawac ee dalka Eriteriya. Lug ayuu X. Aadan Af-qallooc ku maray inta u dhaxaysa Djibouti iyo Musawac. Safar kale oo dheer oo lug ah ayaanu ugu sii kicitimay dalka Masar, isaga oo sii dhex jibaaxay dhulweynaha Suudaan. Kub-ku-sigaale isaga oo ah ayuu Qaahira gaadhey. Qasdiga safarkiisu waxa uu ahaa aqoon raadis. Xaajigu waxa uu ahaa nin aad u furfuran oo garasho dheer, dadkana ay si sahlan isu fahmaan, una wada xidhiiidhi karaan sokeeye iyo shisheeye labadaba. Waxa uu muddo yar ka dib ku biiray Jaamacadda Al-azhar oo uu wax ka bartay. Jaamacadda ka dib, waxa uu Xaaji Aadan u guurey waddanka Suudaan. Malcaamado lagu barto Qur'aanka ayuu Xaajigu ka hirgeliyey degaannada Jebel Diin iyo Nuba, waxaanu noqday Af-qallooc qofkii ugu horreeyey ee aqoonta diinta in la barto ku fidiyey degmooyinkaas.

Xilligaas dalka Suudaan waxa ka arriminayey gumaysigii Ingiriiska, waxana carcarihiisa qabey oo cirkaas ku shareernaa ololkii Mahdiga ee halgankii xornimo-doonka Suudaan. Dabcan Xaaji Aadan waxa uu ka mid ahaa dadkii aqoonta lahaa ee aan ku xidhnayn gumaysiga ee madaxa bannaanaa. Ingiriisku Xaaji Aadan waxa uu ku tuhmey inuu la shaqeeyo dhaqdhaqaaqa gobannimo-doonka Suudaan. Waa la qabtay, waxana xabsiga la dhigay muddo saddex biilood ah.

Markii jeelka Suudaan laga sii daayey waxa uu Xaajigu u tallaabay dhinaca Eriteriya magaalada ku taalla ee Kerin. Talyaaniga ayaa xilligaas isna gumaysanayey waddanka Eriteriya. Muddo dheer intii aanu halkaasi jooginba, ayay Xaajiga iyo maamulayaashii gumaysigu is qoonsanayaan, waxana Aadan lagu riday jeelka muddo lix biilood ah. Xabsigan dambe markii Aadan laga sii daayey Suudaan ayuu dib ugu laabtay, waxanu degey degmada Kasaala. Shaqo ayuu ka helay shirkad dhismaha waddooyinka degmadaas u qaabbilsanayd oo aakhirkiina uu madaxba u noqday.

Xaajigu isaga oo maal badan ka tabcay Suudaan ayuu u wareegey oo degey Itoobiya. Dhawr dukaan oo saliidda lagu miiro ayuu Itoobiya ka furay. Meheradahaas oo wada cammiran oo hantiyi ka buuxdo, ayaa ciidamadii boqortooyada Abasiiniya maalin dab qabadsiiyeen degmadii Xaajigu ku noolaa meelo ka mid ah. Waxa cagta la mariyey oo holocii dabka iyo boob u kala dambeeyeen dukaannadii Xaaji Aadan Af-qallooc. Maalkii badiba markaas Aadan wuu dhaafay, waxanu ka dhuyaaley Itoobiya. Suuriya ayaanu u socdaalay, muddo yar ka dibna waxa uu uga sii gudbey Falastiin. 1936 ayuu si toos ugu biiray dhaqdhaqaaqii falastiiniyiinta. Xubin firfircoon oo ka dhex muuqata halgankaas ayuu ahaa, waxanu ka mid noqday hoggaamiyayaashii dagaalka, iyada oo dhaawacna ka soo gaadhey.

Dhawr sannadood ka dib, ayuu Xaajigu Falastiin ka bilaabay socdaal dheer oo uu ku galaa bixiyey Iiraan, Afgaanistaan, Hindiya, Indooniisiya iyo Jasiiradda Java. Aakhiritaankii waxa uu ku soo laabtay magaalada Musawac ee Eriteriya. Wuu ku negaadey halkaas, waxaanu sameeyey tacab badan. Qaniimad badan ayuu Alle uga dhiibey, waxaanu ka dhistay saro dhawr ah. Xilligii uu socdey Dagaalkii Labaad ayaa Ingiriisku weerar ku qaaday Faashiyaddii Talyaaniga ee Eriteriya haysatey. Musawac waxa ay ka mid noqotay meelihii Ingiriisku sida ba'an u garaacay, waxaana dambaska laga dhigay oo ku baaba'ay daarihii Xaajiga.

Intii uu Xaajigu qurbaha ku noolaa waxa uu guursadey laba dumar ah. Caysha Binta Axmed Idiris oo ahayd Yemeni-Eriteriyad iska dhal ah ayaa waxa ay Xaajiga u yeelatay saddex carruur ah oo ay Xaajiga ku kala lumeen dalka Suudaan xilli lagu xidhay Koonfurta Suudaan, iyada oo Xaaji Aadan lagu eedaynayey inuu si qarsoodi ah u fidinayey diinta islaamka fasax la'aan. Xaajiga waxa loo qaaday Masar maxbuus ahaan, halkaas oo muddo dheer uu ku xidhnaa. Wiil ka mid ah carruurtaas la waayey, ayaa lagu tuhunsan yahay inuu ku noolaa waddanka Koonfur Afrika. In taas si balaf ah loo maqlay mooyaane cidi inankaas ma arag. Samiira Fahmi oo ahayd xaaskii labaad ee Xaajiga waxa ay ahayd Masriyad, waxaanay u dhashay wiil dhintay iyo gabadh aan hadda war loo hayn waxa ay ku dambaysey. Markii uu waddanka ku soo laabtay waxa uu Xaajigu guursadey saddex haween ah. Faaduma Axmed iyo Xaawo Maxamed oo aan carruur u yeelan iyo Maryan Maxamed Gugun-fadhi oo u yeelatay saddex wiil iyo gabadh. Maxamed Gugun Fadhi waa nin caan ah oo reer Masagan ah. Masagani waxa ay 15 - 20 Km koonfur ka xigtaa Ceerigaabo. Carruurta Ba' Maryan ayaa waxa maanta nool oo tarmay Axmed Xaaji Aadan Af-qallooc oo dhalay

Aadan iyo Mahad, iyo Maxamed Xaaji Aadan Af-qallooc oo isna ay
ka farcameen Faadumo, Farduus, Guuleed iyo Liibaan. Tebintan
waxa aan ka reebay Axmed Xaaji Aadan Xasan (Af-qallooc).

Xaajigu waxa uu ku hadli jirey afaf badan oo ay ka mid ahaayeen
Carabi, Urdu, Faarsi, Hindus, Malay/Indooniisiyan, afaf lagaga hadlo
Yugoslaafiya iyo lahjado laga adeegsado waddamada Suudaan iyo
Chad. Waxa kale oo uu fahmi jirey afafka Ingiriisida, Amxaariga,
Eretriga iyo Turkiga. Arrintaas iyo aqoonteeda dheer ayaa suugaanta
Xaajiga ka dhex muuqaynaysa meelo badan oo ka mid ah fikir
ahaan iyo dhisme ahaanba, waana ta keenaysa in ereyo badan oo
afafkaas ka soo jeeda inuu u adeegsado meelo badan oo hal-
abuurkiisa ka mid ah.

Xaaji Aadan Af-qallooc waxa uu ka tallaabsaday oo is daba
mariyey gedihii toddobaatanaadka. Sannadkii 1941 ayuu
toddobaatan jirsadey, nus qarni ku dhowaadkii u dambeeyeyna
(1902 -1941), waxa uu u kala dab qaadayey dacallada adduunyada;
Yemen, Khaliijka, Djibouti, Eriteriya, Itoobiya, Suudaan, Chad, Niger,
Libiya, Masar, Ciraaq, Suuriya, Falastiin, Turkey, Yugoslafiya, Iiraan,
Afqaanistaan, Hindiya iyo Indooniisiya. Dib ayuu naftiisa xisaabtan
ugu jeedaaliyey. Tashi iyo tusaalayn ayuu duunkiisa qodqoday.
"Guudka ku caddaaday, dibad-yaalnimadaada faca weyn iyo dal-
tabyada kugu raagtay waxa kaa maydhi kara maanta ee ku soo
celin karaa waa aragtidii Maakhir-koos (Xeebaha Sanaag ee Badda
Cas) iyo ilwaadsiga buuraha Surud iyo Daalo", ayuu naftiisa kula
faqay, iskuna qanciyey.

QAYBTA 2AAD

SOO NOQOSHADII XAAJIGA IYO HALGANKII XORNIMO RAADINTA (1941 – 1960)

SOO NOQOSHADII XAAJIGA IYO HALGALKII XORNIMO RAADINTA

Sannadkii 1941 ayuu Xaaji Aadan Af-qallooc; isaga oo afartaneeyo sannadood ka maqnaa dalkiisa ku soo laabtay, gaar ahaan gobolkii Soomaalida ee Gumaysiga Ingiriiska hoos imanayey ee Somaliland. Xaajigu muddadii uu qurbaawiga ahaa waxa uu ka qayb qaatay halgannadii xoraynta ee dadyowga Suudaan, Eriteriya iyo Falastiin. Arrintaas waxa Af-qallooc ka soo gaadhey dhaawac iyo xadhig badan. Dhinaca kalena waxa uu ka helay waaya aragnimo iyo aqoon ballaadhan oo ku saabsan baahida in naf iyo maalba loo huro in xaqa ummadeed laga soo dhiciyo cadaawaha haysta, ummaddana laga xoreeyo midiidinnimada gumaysi. Xilligaas uu Xaajigu ku soo laabtay dalka baraarug weyn ayaa ka jirey dhammaan dadyowgii la gumaysanayey dhexdooda. Dhaqdhaqaaqyadii gobannimo-doonka Afrika, ayaa hanqalka la soo kacayey oo dabayl ufadeedu tahay gumaysi iska kicin iyo xornimo gaadhid, ayaa arlada ku wada dul leexaysanaysey oo dadka maankooda wada ruxaysey.

Xaaji Aadan Af-qallooc si fog ayuu u fahamsanaa qiimaha qarannimada iyo dawladnimada, waxana ku dheeraa hadashada jacayl ee dalkiisa iyo madax bannaanida ummaddiisa. Markii uu dalka ku soo laabtay waxa uu sitey hanti badan. Waxa uu hantidaas iyo naftiisaba u hibeeyey xoojinta loolankii xorriyadda lagu baafinayey. Waxa la tilmaamaa; sida ku xusan cajalad Radyow Muqdisho duubay 1986, in Xaajigu dalka la yimi lacag gaadhaysa 45 kun oo Rubbood. Ma jirin waddanka xilligaas cid lacag intaas le'eg iyo in u dhow toonna haysataa. Adduunkaas oo dhan waxa uu Af-qallooc kaga qayb qaatay ololihii xorriyadda lagu raadinayey.

Xaaji Aadan waxa uu ahaa nin aftahan ah, hiboole codkar ah, waddani Alle ka cabsi badan oo waaya arag ah, dal-mareen qurbaawi ah, meelna ku weeleeyey oo isugu keenay aqoon ka soo jeedda dhaqammo iyo ilbaxnimooyin kala geddisan. Gabayada Xaaji Aadan Axmed Xasan waxa ay noqdeen caroog guubaabiya oo kiciya, ruxa oo qiira geliya shucuurta iyo dareenka waddaniga ah ee dadka Soomaalida. Badheedhe cad oo diidmo ah ayuu markii uu dalka yimiba kala hor tegey gumaysigii Ingiriiska ee Somaliland maamulayey. Arrintaas oo uu kala kulmay handadaad badan iyo xadhig marna kuma ay keenin inuu joojiyo gayllankii iyo guubaabadii gabayadiisa ilaa laga gaadhey gobannimadii 1960. Ilaa geeridiisii waxa uu Xaajigu u taagnaa kaalinta wacyi gelinta iyo hogatuska guud ee hagaagsanaanta, wax hagaajinta iyo is-hagaajinta. Xaaji Aadan Af-qallooc waxa uu had iyo goor Soomaalida ugu baaqi jirey isku duubni, is-waansi, is-kaashi, isku kalsoonaan, tabcasho iyo wax qabsasho, waxaanu uga digi jirey kala tag, tafaraaruq, qabyaalad, eexasho, qaraabakiil, musuqmaasuq, meel iska kuudud, iska fadhi iyo wax taransi la'aan (ma shaqaystennimo).

Waxa la yaab leh in Xaaji Aadan Axmed Af-qallooc aanu mar keliya weligii ka gabyin diradirihii qabyaaladeed ee xilligiisii ka dhex aloosnaa gabyaaga tolalka Soomaalida. Sannadihii 40-naadkii iyo 50-naadkii ee qarnigii hore waxa gabyaaga Soomaalidu badiba ahaa af-hayeenka qabaa'ilka, gabyaa kastaana waxa uu sax iyo khalad, xaq iyo baaddilba inta badan kula safnaa qabiilkiisa hiilo ahaan.; gar iyo gardarroba, hase yeeshee Xaajigu wuu ka duwanaa badiba gabyaagii uu la noolaa markii uu waddanka ku soo laabtay 40-naadkii ee gabayadiisu dadka ka dhex hanaqaadeen. Wacyi ummadnimo iyo garasho waddani ah oo ka tallawsan garaadkii gabyaaga kale intiisa badan, ayuu Xaajigu lahaa. Waxa uu ka gabyi jirey oo suugaantiisu ku suntan tahay heer guud-mar sare ah oo qawmi iyo ummadnimo ah. Garasho iyo aqoon durugsan ayaa gabayadiisa laga dhex dareemayaa marka lala kulmo ee la daraaseeyo.

Qiimaha iyo tayada sarraysa ee Xaaji Aadan lahaa, hal-doornimadiisa, indheer-garadnimadiisa iyo qayuurinnimada hal-muceedka ah ee hal-abuurkiisa qiirada miidhan ah, miigganaantiisa qofnimo, hanweynidiisa iyo hirasho fogaantiisa qofnimo, waxa lagala soo dhex bixi karaa gabayadiisa badan ee dulucda weyn iyo duxda ku wada gaashaaman ee xilligii gobannimo-doonka (1943 – 1960) iyo xilliyadii ka dambeeyey ee dawladihii rayadka ahaa (1960 – 1969) iyo waayadii kacaannimada ilaa sannadihii u dambeeyey noloshiisa (1969 – 1986).

Xaajigu intii dambe noloshiisa waxa uu u badnaa magaalada Muqdisho. Waxa uu ahaa nin da' ah, waanu ku xanuunsaday Muqdisho. Eheladiisa ayaa kula talisay in Ceerigaabo loo qaado. In xaqu ku soo dego oo Muqdisho uu ku geeriyoodo ayay ka yaabayeen, waxaanay door bidayeen in uu Ceerigaabo ku geeriyoodo, si halkaas loogu aaso. Xaaji Aadan Af-qallooc arrintaas wuu diidey, waxanu tilmaamay horta meel aan Ceerigaabo ahayn in aan lagu aasin marka uu geeriyoodo, hase yeeshee uu hadda dareemayo inuu aad u ladan yahay. "I daaya", ayuu yidhi "naftu iyadaa i fool eryi doonta'e".

Saddex bilood ka dib, Xaaji Aadan oo ladnaaday ayaa u ambabaxay Ceerigaabo. Waxa uu Laascaanood ku sii maray Alle ha u naxariisto'e saaxiibkii Daahir Af-qarshe, isaga oo doonayey in aanu salaanta la dhaafin. Khadra Daahir Af-qarshe ayaa ii tibaaxday in aabbaheed uu Xaaji Aadan Af-qallooc galabtaas ku yidhi "ii baaqo caawa aan ku casuumo'e", waxaanu Xaaji Aadan ugu jawaabey "waxaan ahay fool eri oo ma sixi karo meel ay naftu igu simi karto". Isla galabtaasba Ceerigaabo ayuu u sii gudbey, waxaanu sii noolaa muddo yar oo dambe. Magaala madaxda gobolka Sanaag ee Ceerigaabo, ayuu Xaaji Aadan ku geeriyoodey maalin Sabti ah 5-tii bishii July sannadkii 1986.

Xuseen Nuur Axmed (Al-xuseyni) waa nin ururiya gabayada iyo suugaanta oo ay Xaaji Aadan Af-qalloocna asxaab dhow ahaayeen. Waxa aan Al-xuseyni kula kulmay Rugtiisa Kutubta iyo Cajaladaha lagu iibiyo ee faras magaalaha Hargeysa Oktoobar 2007, waxaanu ii weriyey sheekadan soo socota: Xaajiga waxaannu ahayn saaxiib. Waxaannu iska soo gallay nin aannu ilmaadeer ahayn oo la odhan jirey Cabdi Maxamed Rooble, Cabdi-Dheere oo isna geeriyoodey Alle labadaba ha u naxariisto'e, oo hudheel wax laga cuno ku lahaa magaalada Muqdisho, xaafadda Siinay. Xaajiga ayay inaadeerkay saaxiib isku dheer ahaayeen. Hudheelka ayuu Xaajigu wax ka cuni jirey oo bilaash u ahaa, iyaguna way ku sheekaysan jireen. Halkaas ayaannu iskala jaan qaadnay oo is barasho dheeri nagu dhex martay. Xaajiga waan u khidmayn jirey oo waxyaalaha gaarka ah ee baahidiisa la xidhiidha ayaan u soo qabqaban jirey. Sannadkii 1983-

kii ayaa isugu kaaya dambaysey, xilligaas oo aan Sacuudiga u dhoofay.

Waxyaalaha aan Xaajiga uga soo joogey waxa ka mid ahaa maalin Xaajiga oo maqaaxidaas Cabdi-Dheere dhex fadhiya ayaa nin oday ahi Xaajiga weydiiyey oo ku yidhi: 'Xaaji Aadan Immisa af ayaad ku hadashaa?' Waxa uu Xaajiguna ugu jawaabey oo yidhi: 'Dee iminka Afsoomaaligaaba igu dirqi ahe, berigii aan hadli karayey, laba iyo soddon af baan mid aan in yar ka aqaanno iyo midaan in badan ka aqaanba midba aan wax kaga hadli jirey'.

Su'aal kale ayaa maalintaas Xaajiga la weydiiyey oo waxa uu ninkii odayga ahaa Xaajiga ku yidhi:'Beryahan miyaad gabayadii iyo suugaantii joojisey?' Waxa uu markaana Xaaji Aadan ugu jawaabey oo yidhi:' Oo ma suugaan baa nool sawta **"Awliyo Allay Adeeg"** la yidhi!

Al-xusayni waxa uu sii wadaa tebintiisii, waxaanu yidhi: "Waxyaalaha la yaabka lahaa ee aan Xaajiga ka arkay waxaa ka mid ahaa in sannadkii 1977 uu Xaajiga gaadhi jiidhay oo misigta uu ka jabay. Boqol sannadood wuu ka weynaa, haddana laftii jabtay waxa ay u kabmatay si wanaagsan oo isaga oo aan dhutis lahayn ayuu lugayn jirey, waxaanad moodaysey in Ilaahay jidhkiisa caafimaad gaar ah siiyey".

"Anigu waxaan ka mid ahay dadkii aan la kulmin Xaajiga, hase yeeshee waxaan ka mid ahay dadka la dhacay ee jecel fikradihiisii, gabayadiisii iyo dhaxalkii uu ka tegey" sidaas waxa leh Axmed Colaad (Qorane) oo ah nin gabyaa ah oo aan kula kulmay Hargeysa Oktoobar 2007. Qorane waxa uu sii ambaqaadayaa tebintan xiisaha leh: Hadba wixii aan Xaajiga gabayadiisa ka hayo ayaan gudbiyaa, waayo dad badan ayaan si fiican ula socon oo aan aqoon buuxda u lahayn Xaajiga iyo wax soo saarkiisa. Sidaas darteed aniga oo maalin meel ka tirinaya gabay uu Xaajigu leeyahay, ayaa waxa igu soo boodey nin oday ah oo aad mooddo inuu aad u jibbeysan yahay, waxaanu igu yidhi oo i waydiiyey: 'Miyaad Xaajiga taqaanney?' 'Maya' ayaa ugu jawaabey, 'hase yeeshee gabayadiisa iyo afkaartiisaan aqannaa'.

Ninkaas odayga ah oo la odhan jirey Cumar wuu burqaday oo waxa uu ii galay sheekooyin badan oo Xaajiga iyo xilligii gobannimo-doonka ku saabsanaa. Waxa uu ka sheekeeyey in Xaajigu doonayey inuu halgannadii shucuubta adduunku ay gobannimadooda ku haybinayeen uu ku xidho Soomaalida halgenkeeda. Adduunka oo dhan laydh xornimo-doon ayaa ruxaysey buu yidhi, Xaajiguna waxa uu ahaa nin dadkii xilligaas ka aqoon badan oo waaya aragnimo ballaadhan iyo wixii dadka shucuurtooda kicinayey xambaarsan. Waxyaalihii uu sheekada ka bilaabay waxa ka mid ahaa in Xaajigu waddanka ku soo laabtay isaga oo qiiro quluubtiisa ka buuxdo. Dadka ayuu isu uli jirey oo meheradaha iyo suuqa dhexdiisa ugu qudbadayn jirey oo ku wacyi gelin jirey in gobannimada loo oogsado. Maalintii dambe ayuu ku guulaystey inuu dadka magaalada Berbera ka saaro oo isugu geeyo dhinaca Batallaale. Subaxnimadii ayuu gegidaas oo bannaan ah nooga bilaabay buu yidhi inuu noo akhriyo gabayadiisii, xogtii iyo wacaashii gobannimo-doonka adduunka iyo sidii gumaystaayasha loogu jebiyey dunida kale ee loola dagaallamayo, inta la soo kufay ee haddana la kacay iyo ta Soomaalida maanta la gudboon. Gelin dame ayay nagu gaadhey buu yidhi Cumar in aannu halkaas ka kala dareerno, iyada oo aanay jirin cid gaajo dareentaa ama oonta oo biyo doonataa, lama moodayn in aannu daqiiqado joogney. Waxaanu yidhi Cumar: Waxa uu Xaajigu nooga bilaabay oo nagu yidhi 'waar idinka oo dhintay baan ogaaye, miyaad soo noolaateen'! Dabadeeto dhimashadaas ayuu macneeyey. Sida lala socdo gumaysigii Ingiriiska waxa shaqaale u ahaa oo waddamada uu qabsado ee Afrika u raaci jirey niman Hunuud ah. Markii haddaba uu Somaliland Ingiriisku qabsaday ee muddo haystey, ayaa Hunuuddii u shaqaynaysey oo u badnayd kuwa lo'da caabudaa, waxa ay Ingiriiska uga dacwoodeen in Soomaalidu ay Ilaahooda cunto, ayna doonayaan in ay ka ceshadaan, Ingiriisna waxa uu yidhi ka ceshada. Maalin dambe ayaa wiil yar oo Soomaali ahi lug hilib lo'aada la soo maray suuq ay Hunuuddu u badnayd. Sida uu Cumar ka soo werinayo Xaaji Aadan, Qoranena uu Cumar ka soo tebinayo, waxa ay Hunuuddii faash ku googooyeen inankii yaraa, waana halkaas barta uu Xaajigu ka lahaa: 'Waar idinka oo dhintay baan ogaaye, miyaad soo noolaateen'! Waannu is beddeley baannu ku nidhi Xaajiga oo waxaannu la gallay heshiis ah in gumaysiga la iska dhiciyo oo xornimada loo halgamo sida shucuubta dunida kale.

Xaaji Aadan Af-qallooc dabadeeto waxa uu sharax dheer ka bixiyey sida ugu habboon ee gumaysiga looga hor iman karo ee looga adkaan karo. Waxa uu Xaaji Aadan yidhi markaas:' Gumaysigu waxa uu ku taagan yahay saddex dhardhaar, waana in aynu marba saddexdaas mid ka hoos qaadnaa, si aynu isaga cidla' hadhowto uga hello, oo aynu u jebinno'. Saddexda dhardhaar waxa looga jeedaa dadkii ajnebiga ahaa ee gumaysiga la socdey ee Hindidu hormoodka u ahayd, wadaaddadii bayd gaabka ahaa ee gumaysigu abuuray ee markhaatiga u furi jirey oo Xaajigu wadaad xumayaal u yaqaanney sida aynu ku arki doonno gabayo arrintaas ka hadlaya oo buugga ku jira iyo nimankii odayaasha iyo cuqaasha ahaa ee Ingiriiska af-qaadka u ahaa ee uu isagu sameeyey.

Dagaal ayaa lagu qaaday saddexdaas qolo. Waxaa la hor abbaaray qolyihii ajnebiga oo ahayd halka ugu nugul marka loo eego labada qolo ee kale ee Soomaalida ka soo jeeda ee gumaysiga ku naban. Waxa la tilmaamaa in markaas ka dib ay bilaabantay xaaladdii abbaannimada. Hunuuddii iyo ajnebigii kaleba waxa ay dabada geliyeen oo ku kala fayleen magan ahaan qaabaa'ilkii Soomaalida, si ay u badbaadaan. Markii ay sidaas wax u dhaceen waxa uu Xaajigu abuuray xisbi la magac baxay Beledi oo ay ku wada jiraan Soomaali, Carab, Hunuud ama wixii aan Ingiriis ahaynba. Hal-hayska Xaaji Aadan xilligii gobannimo u dirirka waxa uu ahaa: Fulow mar uun baa la dhintaa, aniguba saddex jeer baan dhintayoo waanigaas nool. Saddexda goor mar waatii uu libaaxu qaatay, marna waatii looxu la sabbeeyey ee badda moolkeeda habeenka kula baryey, marka saddexaadna waatii dilka lagu xukumay ee uu ka baxsaday.

SUUGAANTII AF-QALLOOC IYO HALGANKII GOBANNIMO-DOONKA

Waaya aragnimo weyn iyo aqoon fidsan ayuu Xaaji Aadan kala soo laabtay dibaddii uu inta badan ku maqnaa. Taasi waxa ay markii dambe si muuqata uga soo iftiintay noloshiisa, siduu u fekeri jirey iyo suugaantiisaba. Markii uu dalka ku soo laabtay waxa uu la soo kulmay aasaaskii dhaqdhaqaaqyadii gobanimo-doonka ahaa ee Soomaalida iyo hinqashadii ay dadka Soomaalidu xornimada ku yaboohinayeen. Dalal badan oo ka mid ah dhulyowgii uu tacabbirka ku joogi jirey, ayaa Dagaalkii Labaad ka dib iyana xornimo gaadhey. Waxyaabahaasi oo dhami waxa ay Xaajiga u sahleen in markiiba uu awood u yeesho inuu buuxiyo kaalin korsan oo halgamaannimo hal-abuur tayadiisu sarrayso ah oo leh wacyi ummadnimo iyo mid dadnimo. Waxa uu bilaabay halgan siyaasadeed oo xorriyad doon ah, sida ubaxana waxa u furmay hibadiisa hal-abuurnimo. Gabayo waddani gobannimo-doon ah, qiirana ka buuxdo, ayuu halgankaas kaga qayb galay. Colaad, guhaad iyo xadhig ayuu taas ku mutay isaga oo ah nin da'diisu weyn tahay. 1958 ayaa Xaajiga markii u dambaysey la xidhay. Xabsiga Mandheera ayaanu ku jirey ilaa laga gaadhayey gobannimada 26-kii Juun sannadkii 1960. Xadhiga Xaajigu waxa uu ka mid ahaa waxyaalihii ugu horreeyey ee xubnihii 33-ka ahaa ee Barlamaankii ugu horreeyey ee Somaliland ka wada hadleen, waxaana Xaajiga la sii daayey isla markii gobannimada la qaatayba.

GOBANNIMO

Gabayada Xaaji Aadan ee xilligii gobannimada waxa kuwoodii ugu horreeyey ka mid ah inta aan helay gabaygan soo socda oo la magac baxay **Gobannimo**. Waa dhiirri gelin iyo guubaabo ku saabsan in Soomaalidu diiddo, kana dirirto heeryada gunnimo ee gumaysiga, una gayllanto soo dhacsiga xaqa iyo xuquuqdeeda ummadnimo. 1943 ayuu Xaajigu gabaygan tiriyey, waxaanu yidhi:

Samaan laguma doonee xornimo waa sange[1] u fuule
Salax dakhar leh meyd soobiriyo seedo waran gooyo

Soofkoo[2] la kala qaado iyo siigo kor u duusha
Haweenkoo gambada saydha iyo sebi aqoomooba
Iyo libintu waxay saran tahay suluf[3] colaadeede

Salliga iyo Allaahu akbartay siri ka buuxdaaye
Saajacu ma hoogee libbuu saami leeyahaye
Sawaariikhda waxa nooga dhigan Suuratul Ikhlaase[4],
Naftuna saacad bay leedahoon abadi seegayne
Siyaadiyo nuqsaan laguma daro suu Ilaah yidhiye
Kuwo saymihii[5] nabad galaa seexdayoo go'aye
Saxarba waa dilaa nimaan wakhtiga sed ugu laabnayne

Geesiga senaad[6] weyn leh iyo fulaha seeraara
Geerida u siman sharafna way kala sarreeyaane
Safka ninkii ka baqa ee warmaha sugi awood waaya
Saldhiggiisu aakhirana waa sakhara naareede

Gobannimo sun baa kaa xigtoo laysma siin karo'e
Waa sarac[7] ku baxa dhiig rag oo lagu sadqeeyaaye
Sarakaca kufrigu waa sasabo suu na leeyahaye.

....

1. Sange: laboodka fardaha kiisa dhufaanan, kiisa qoodha
              ah waxa la yidhaah Sirib
2. Soof: xoolaha la dhaqdo
3. Suluf: kulayl
4. Ikhlaas: Suuratul Suuradda Qulhu wallaha
5. Saymo: arrin cidhiidhyoon, arrin culus oo khatar ah.
6. Senaad: isku kalsoon oo warkiisu dibad baxay ama
              carceeray, caan ah.

7. Sarac: (Af-carabi) beer, wax soo saarka dhulka

....

BERBERA

Xilligii Dagaalkii 2aad waxa Berbera ka qaxay Hunuuddii iyo Carabtii ku noolayd ee ay gacanta ugu jiri jireen halbowlayaasha ganacsi iyo kuwa dhaqaale ee magaaladu. Markii uu dagaalku dhammaaday ayay Hindida iyo Carabtu soo noqdeen si ay Berbera uga sii wataan hawlihii baayacalmushteriga ee uga socon jirey dagaalka hortiis. Dhinaca kale nimankaas shisheeye waxa ay ka hor yimaaddeen dhaqdhaqaaqii gabannimo-doonka, waxanay si badheedh ah ula safteen isticmaarkii dalka gumaysanayey ee la iska kicinayey. *"Kuwan (Isticmaarka) ayaannu wax ku qabnaa oo la saari maayo"* ayay ujeeddada Hunuudda iyo Carabtu ahayd.

Xaaji Aadan Af-qallooc oo qurbaawi ahaa, dibeddana in badan tacabbir ku soo ahaa, ayaa u qaadan waayey sida qolyahaas ajnebiga ahi u taabeen dhammaan ilihii dhaqaalaha iyo sida dadka Soomaalidu uga qatan yihiin, iyo sidaas macangagnimada ah ee ay haddana uga safteen Soomaalida, ugana raaceen gumaysiga. Gabaygan oo Soomaalida ku dhiirrigelinayey in ay qabsadaan halbowlaha dhaqaale ee waddankooda, kana shaqaystaan waxa uu Xaajigu tiriyey 1944, waxaanu yidhi:

Amlaag[1] kuma lahaan jirin Berbera idilka Soomaale
Nin abbaan[2] ah mooyee mushteri lama aqoonayne
Afar iyo shan Carab baa makaan aada ku lahaaye
Adeeggay idiin diran jireen aqalaad fiiqdaane
Ardal[3] Baaniyaal[4] iyo Hinduu ubuxu saarraaye
Iyagaa asaasaye nin kale kuma ilwaadnayne

Idinkoo Afmeer[5] iyo ka yimi idhanka Gaaroodi[6]
Oo soo arraday oo Berbera adhiyo geel keenay
Ahminkaaga[7] goortaad gaddaad imato daaskooda
Haddaad tidhi ascaartiyo maryaha iibku wuxu joogo
Af-ku-dhabasho mooyee su'aal ma oggolaanayne
Sida eyda iyo dacawaday idin eryaayeene
Aremaad[8], arjood[9] iyo xumaa ku oggolaydeene
Ihaano[10] iyo quudhsaad qabteen edebtu diiddaaye
Nimankii adduunkeenna dhacay Idalji[11] qoomkiisa

Iyo Carabta reer Shixir ah ee adhaxda gaagaaban
Itifaaqe sebenkaad hurdada ku ibtilowdeene
Wax akhbaarta laysugu diray ula ekoonaatay
Inaad ehel qubuur iyo tihiin aadmi meytiyahe

Ixsaan kama falayn xoolahay ururinaayeene
Raggii dahabka Alla-koodin[12] jirey eegga waa foqore
In yar baa hadhaye laga kaxay aradkii Soomaale
Laga iibsey daaraha waxay ku ismanaayeene
Ilma adeerradiin baa ku jira aqalladoodiiye
Aswaaqdii[13] Majuusigu fadhiyey eydi laga saarye
Laga eri arwaaxii jinkiyo ubadkii shaydaane
Ma aqoonnin diinta'e dibay ku acbudaayeene
Ashahaadey guriguu fadhiyey inankii Raamraame[14]
Nimankii dabada ka arradnaa eel kuu soo noqoye

Abdaasha[15] iyo awliyada iyo ehel karaameedka
Abaa Qaasim nebiga amranee u ifa kawnkoo dhan
Rasuulkuu ku aaminay sharciga Qaaddirka abuuray
Awqaadda khayrka leh bilaha laysu soo ururo
Halkuu sanamku oollaayey baa lagu addeecaaye
Iqbaal[16] iyo nasraynoo[17] kacoo aayaddii rogaye
Ab kasta ha noqdee waa tujaar inammadiinniiye
Adduunkay heleen kalama tegin aradka Soomaale
Ma inkirin Ixsaanka'e sekay aad u bixiyeene
Agoonkiyo fiqiirkiiba way wada ikraameene
Ilaah beydkii iyo bay dhiseen waqaf[18] Islaameede

Ummuurtii qabiiliyo ninkii oday u soo sheegta
Awoow iyo walaal iyo xigtiyo waalid la addeeco
Asalkaba macruuf beri ahaa ama abaal raagey
Abti iyo qaraabo iyo xidid loogu imanaayo
Ninba wuxuu alliifaba hadduu guriga soo aado
Markuu ololka gaajada ba'shiyo oonka iyo diifta
Anfaciyo dhar buu kala tagaa awr la buuxsado'e
Ikhwo iyo shuraakaynnu nahay ubad walaalo ahe

Afartaa Hindiyo Carabtu way idin ablacaayeene[19]

Ahlan iyo tarxiib[20] xeeladaad ku istareexdeene
Waxa uurka laydiin fahmaa waa addoonnimo'e
Axwaashiinna oo idil horay ugu ilqaadeene
Aqoon ma laha nimankaa qabuur eegga laasimaye
Haddii aan wax laga iibsanayn wuu ordi lahaaye
Asbuuc keliya buu gadan lahaa agabta hoos taalle

Ninkii oomay dhalanteed biyuu u ictiqaadaaye
Ilo iyo jidhaamay la tahay inuu arkaayaaye
Wuxuu sii itaaloba hadduu addinka gaadhsiiyo
Uu ka cab yidhaah buu kulayl omos ah taabtaaye
Asafka iyo tiiraanyaduu kala uleeyaaye

Abeesada dusheedaad xariir Abuya[21] mooddaaye
Ilkahaa belaayada watay kugu asiibtaaye
Ajnebigaa la mida maalintuu kaa il-roon yahaye
Ma asturo ummuur kugu dhacdiyo iinta kugu taalle
Amaah laba Rubbooduu kufriga kugu ag joojaaye
Aradkeenna nimankii kharribey hay abla'ableyne
Afkii ribo yaqaan naarta waa lagu amsiiyaaye
Iimaanka beentiyo wallaha waad ku ababteene
Waa waxa quluubta engejaad hore u eeddeene

Ma aqbalo anoo kale laqwiga aan abdo lahayne
Abkay nimaan ahayn iyo qariib hay ammaanina'e
Arbaciin sanaan meeryoo waan ogsoonahaye
Addin hadduu kudkude[22] kaa cuniyo oofta iyo lowga
Awelkiisa waad sahashataa aadyar xoqataaye
Ayaamaha dambaad soo dhacdaa aramidiisiiye

Aw Baashta[23] nimankaa ahoo aradka boobaaya
Iclaan[24] iyo kinaayoba[25] u idhi inaad ogaataane
Haddayse laabtu idin awdan tahay hadalku waa uufe
'Ahay way!' kolkaan idin ansaxay way aqoon li'iye
In afkaartu iga sheellan tahay waxa akiidkii ah
Arnab[26] baan libaax moodey iyo aar habeen guda'e
Ulo iyo qodxaan moodayaa awlax iyo seefe
Aawaydaan hayaa meel dadkii aakhirow kacaye

Arwaax[27] maqan ajsaad[28] khaliya[29] baan u addimaayaaye
Aragaha dar beelaan dariiq u ifinaayaaye
Dhego awdmey baan maqal rabaa inay ajiibaane
Acmi baan tiriigga u sidaa waanuse arkayne
Indho bururay baan doonayaa inay islaaxaane

Dab baa olola xaabada haddii loo agaasimo'e
Haddii aad afuuf tidhi ramaad waa ammuur culuse
Bisaaskaad akhlaaqdiyo dabciga uga ekaateene
Iyagaa isku itaalahoo "aaw" ka yidhi meele
Itifaaq la'aan lagu ma helo lib iyo iimaane
Mar haddaad is wada iibisaan aaminkiin dhimaye
Haddaanay odhaahdu faa'iido tarin aamuskaa wacane
Ammaana Alla meel eber ah baan oohow ka hayaaye!

....

1. *Amlaag:* (Af-carabi) hanti, mulki, maal
2. *Abbaan:* qofka cid kale ku hoos jira ee wakiilka laga yahay
3. *Ardal:* doqon, nacas, segeger, abhal, dabbaal, sacsac iwm
4. *Baaniyaal:* Hindigii isticmaarka la socdey
5. *Afmeer:* gooddiga, dhulka qoorta ah ee ka faana baxsan oollimaadka beesha
6. *Gaaroodi:* dhul galoolley ah oo carro cad leh sida qaalibka ah
7. *Ahmin:* wananka iyo orgida tuman ama dhufoonan ee la iibgeeyo loogu talo galo
8. *Aremaad:* (Af-hindi) aflagaaddo ama cay ah
9. *Arjood:* (af-hindi) aflagaaddo, cay
10. *Ihaano:* (Af-carabi) quudhsi, bah-dilid
11. *Idalji:* magaca nin ganacsade ahaa oo ka mid ahaa tujaartii Hindida
12. *Alla-koodin:* gef Alle ka horjeeda oo shirki ku saabsan qofka caadaysta, Alle-ka-kood
13. *Aswaaq:* (Af-carabi) suuqaq ama suuqyo

14. *Raamraam: magac ay Hindidii Berbera u caabudi jireen
     Nebi ahaan*
15. *Abdaal: (Af-carabi) beddelaad, marka qof dhinto
     baddiilkiisu yimaaddo*
16. *Iqbaal: (Af-carabi), qaabbilaad, aqbalid*
17. *Nasar: (Af-carabi) guul, libin*
18. *Waqaf: (Af-carabi) bilaash, lacag la'aan loo bixiyey*
19. *Ablacaayeene: (Af-carabi) liqayeen*
20. *Tarxiib: (Af-carabi) marxabbayn iyo soo dhowayn*
21. *Abuya: maarkad, nooc*
22. *Kudkude: dulin yar oo ciidda ka soo baxa oo
     qaniinyadiisu arami iyo eel reebto*
23. *Aw Baashta: (af-carabi) huubo, dad guraangur ah oo isku
     dhafan, gun ama hooseeya (xathaalah) oo
     carabi ah ayuu u dhigmaa*
24. *Iclaan: (Af-carabi) ogaysiin*
25. *Kinaayo: maldahan*
26. *Arnab: (Af-carabi) bakayle*
27. *Arwaax: (Af-carabi) ruuxda.idda, nafta*
28. *Ajsaad: (Af-carabi) jidhka*
29. *Khaliya: (Af-carabi) meel madhan, meel aan waxba ku
     jirin*

....

MIYAYDAAN AQOON DIINTA

1946-kii ayuu Xaaji Aadan gabaygan tiriyey. Gabaygu waxa uu dadka hoga-tusaalaynayaa, ugana digayaa iimo ama ceebo sidii bar uskag ah ugu gaashaysan dhaqanka Soomaalida. Waxa ugu horreeya oo gabaygu tilmaamayaa in qofka ragannimada leh ee miigganaanta iyo dadnimadu maankiisa biyo dhigeen ee wax-ku-oolka ah aanay Soomaalidu nolosha ku dhaadin, kuna qadderin ee maalinta uu geeriyoodo ka dib la ogaado kaalinta muhiimka ah ee uu buuxin jirey, haddana bannaanaatay. Marka labaadna waxa uu durayaa garashada liidata ee Soomaalida ee ku saabsan in ajar iyo xasanaad laga raadiyo in adhi xabaalaha lagu qalo oo marxuun beri hore xijaabtey khayraad iyo barako qalfoofkiisa laga ag galagalaysto, iyada oo loo arxami waayey agoontii oo buuxda oo dayac suuqyada la wadhan, haween da' ah oo wax la'aan la tuban iyo masaakiintii sadaqadu ku bixi lahayd oo nolosha la legdankeeda la kadeedan.

Waxa kale oo gabayaagu Soomaalida ku guubaabinayaa in ay tahay ceeb iyo foolxumo in iyada oo sidii ahminka Soomaalida la iibsanayo ay haddana reero isugu faanaan oo ay tuurta ku sitaan magaca oday dhintay "sula iyo beri fog", waxaanu Soomaalida ku dhalliilayaa is ixtiraam darrada dhexdooda, is cisayn la'aantooda iyo sida foosha xun ee ay ugu rixinayaan, una koolkoolinayaan nimanka ajnebi ee inta ay dhulkoodii saanyadeen, iyagiina (Soomaalidana) addoonsanaya.

Inkasta oo Xaaji Aadan Af-qallooc gabaygan tiriyey sannadkii 1946, haddana waxa la moodayaa inuu hadda tirinayo marka nuxurkiisa lagu dhereriyo wacaasha iyo waayaha dadka Soomaalida ee maanta. Gabaygu waxa uu ka hadlayaa dagaallo maalin kasta dhacaya, kibir iyo gardarro la isu dooxayo, xoolaha oo la kala qaadayo iyo askartii isticmaarka oo guryaha ku gadaaman. *"Anigaa kala eega oo waa eydaas is cunaysuu, isticmaarkii lahaa"* Dareenkaas Timacadde muujinayey gobannimada ka dib badhtamihii lixdanaadkii, ayuu Af-qalloocna ka sii digayey gobannimada ka hor badhtamihii afartanaadkii. Gabaygu waxa kale oo uu iftiiminayaa abaaro iyo ooda-lul, saboolnimo iyo faqri,

cudurro iyo xanuun ku baahay dad iyo duunyoba, maalkii oo
gabloolay oo aan godol qaadin (sicir barar), ducadii oo la aqbali
waayey iyo noloshii oo sii sureer beelaysa basaas iyo iidaan la'aan
darteed.

Mufekerku waxa uu garwaaqsanayaa oo gabaygiisa ku
hogatusayaa in masiibooyinkaasi amar Alle ku dhacayaan, hase
yeeshee ay dadku ka mas'uul yihiin sababaha wax u dhacayaan.
Abwaanku waxa uu dooxayaa oo dadka u soo bandhigayaa eelka
iyo halka dadka iintu kaga taallo. Waxa shaabuug iyo karbaash lala
dhacayo looga dhigayaa dunuubta ay gelayaan iyo xumaanta ay
samaynayaan. Gabyaagu waxa uu soo bandhigayaa *"arxan la'aan
dadka dhexdiisa ku sii faafaysa, agoonta iyo maatida oo
xaqooda la duudsiyayo oo si badheedh ah loo dhacayo, sakadii
oo aan la bixinayn, magaca Alle oo dhaartu ka sarrayso,
Islaamnimadii iyo samofalkii oo laga sii dheelmanayo, dadka
oo isu sii dhigaya sidii oo ay waarayaan oo aanay abidkood
dhimanayn iwm."* Waa dareen ku oognaa dubaaqa Xaaji Aadan Af-
qallooc 1940-nadii, hase yeeshee aanay dadku markaas wada
dhaaddanayn, waana xaqiiqo maanta la nool dareenka in badan
oo Soomaalida ka mid ah. Sida uu maalintaas horeba Xaajigu xalka
ugu arkayey in la Toobad keeno oo xumaanta laga fuqo, ayuu
maantana si la mid ah mar kale gabaygani dadka xusuusinayaa oo
ku boorrinayaa in masiibooyinka iyo belaayada oogan halkooda
dib loogu celiyo oo xallintoodana lagula eerto.

Waxa la yidhaahdaa: *"wixii la arki jirey waxoodaa laga
akhristaa, waxaan la arki jirinna min subaaxaanalle"*. Haddii
ay masiibo timaaddo waa in aad adigu (Aadmigu) xalkeeda helaa,
haddii uu taas mar walba ku guul-darraystana, waa inuu cid kale oo
xallinta uga fara dhuudhuuban kula noqdaa oo la kaashadaa mar
haddii uu kelidii waxba furdaamin kari waayey.

Gabaygan waxa uu Xaajigu ku xusayaa magacyada rag u badnaa
culima aw diin iyo cuqaal uu gumeysigii Ingriisku ku xidh xidhay
jasiiradda Sacaada Diin oo xeebta Saylac ah. Raggaas waxa ka mid
ahaa marka laga yimaaddo inta gabayga ku xusan oo aynu xagga
hoose ugu tegi doonno tacriiftooda: Sheekh Axmed Maxamuud

Dalmar, Sheekh Cali Shire iyo   Sheekh Yuusuf Dalmar oo dhammaantood Ceerigaabo ka soo jeedey. Nimanka cuqaasha ah ee jasiiraddaas lagu xidhayna waxa ka mid ahaa Caaqil Maxamed Aadan Aw Cabdi (Fadhi-yare) oo degaanka Burco ka soo jeedey. Raggani waxa ay diiddanayeen guud ahaanba siyaasaddii maamulka Ingiriiska ee Somaliland, gaar ahaana waxyeellada sun ayaxa lagu buufinayey ama dhulka loogu daadinayey ay gaadhsiinaysey baadka, biyaha iyo xoolahaba. Intii u dhaxaysey 1946 – 1947 ayay raggaasi xidh xidhnaayeen. Wuxu yidhi:

Ibraahim[1] iyo Shiikh Muuse[2] iyo Awliyaa Madar[3] leh
Amiirkii fadhiyey Xaaxi[5] iyo Aadam iyo Guure[5]
Ishaarada ninkii lagu arkiyo Awgii Timo-weyne
Akhyaartiinna nimankii ahaa ehelo khayraadka
Arwaaxooda oo nool kuwii la asaraaraayey[6]
Ninna ma intifaacayn kolkay idin ag joogeene
Markii iilka loo jiiday baad aad u garateene
Ina Amarre[7] waaguu yimaad ahab[8] tidhaahdeene
Arbow Ina Caliyo[9] Nuux Furraa[10] Ayland-kii[11] jira'e
Ninna uma axsaan faline waaba ashkatayseene
Sayid Maxamed[12] baa la inkiroo gaal la aaminaye
Weligiin Islaamnimada waad ka arradnaydeene[13]
Ma aqbalo sharcigu xaalkanoo waa anfiyayaaye[14]
Miyaydaan aqoon diinta waad ku andacootaane[15]

Aqoon iyo shujaaciyo[16] cilmiyo edebta oo raacda
Arrimuhuu rag leeyahay ninkuu Eebbe wada siiyo
Inta uu arladan aad degtaan ku ag wareegaayo
Ifka intuu ku nool yahay ma jiro nimaad ikraantaane
Hadba waxaad amaantaan ninkii Aakhiroo kaca'e

Agoontiyo masaakiinta oo loo arxami waayey
Indhoolaha gaboobiyo habraha agab[17] la'aan jooga
Iyagoo agtiinnii ku qaday oo anfaco waayey
Hadba meel nin lagu aasay baad adhiga geysaane
Ma aqbalo sharcigu xaalkanoo waa anfiyayaaye
Miyaydaan aqoon diinta waad ku andacootaane

Iyadoo sidii neef ahmina[18] laydin kala iibsho
Oo sida asbaacdiyo[19] riyaha laydin kala eego
Oo aan nin kale erey ku celin idinka mooyaane
Anigaa ab-roon[20] iyo faraad ku ibtilowdeene
Odayaal samaan hore dhintaad abid ku faantaane
Ma aqbalo sharcigu xaalkanoo waa anfiyayaaye
Miyaydaan aqoon diinta waad ku andacootaane

Ingiriis iyo Talyaanaad sidii Nebi addeecdaane
Idinna sida aboorkiyo tukaha yaysu aragtaane
Wax addoomo laydinka dhigay uumiyaa kale'e
Hadba kii ajnabiyoo yimaad daba ordaysaane
Nimaydaan aqoon baad fadliga u ictiqaaddaane[21]
Ma aqbalo sharcigu xaalkanoo waa anfiyayaye
Miyaydaan aqoon diinta waad ku andacootaane

Ayaantii kastaba weerarkaa gelaya ooshiinna
Adduunkoo la qaadiyo raggoo aabi lagu laayo
Askariga itaalkoo guryaha ku ag wareegaaya
Inta aamikaar[22] iyo nin wada omoska[23] meeraaya
Rabbigii Ilaaheen ahaa amarkii weeyaane
Waa edeb Raxmaaniya ah iyo ulo cadaabeede
Idinkaw asbaabahe cid kale eed ha saarina'e
Haddaysu axramaysaan dhibtaa kuma abaaddeene

Aradkoo xumaadiyo cirkoo aad u di'i waayey
Abaaraha dhacaayiyo faqriga lagu alhuumeeyey[24]
Ducaadaan ijaabada lahayn oogta iyo laylka
Amraadiyo[25] xanuunnada bataan abiyo wiil sheegin
Uluuf[26] lacaga oo aan jarayn awr wax lagu qaado
Rabbigii Ilaaheen ahaa amarkii weeyaane
Waa edeb raxmaaniya ah iyo ulo cadaabeede
Idinkaw asbaabee cid kale eed ha saarina'e
Haddaysu arxamaysaan dhibtaa kuma abaaddeene

Agoon baad dhacdeen iyo faqiir abbihiis go'aye
In yar baa sekada qaybisee waad asturateene
Isimkii Ilaah baad xilihii ka arfac[27] yeesheene

Alle haddaad taqaanniin dulmiga eegga kala jooja
Arjaca[28] oo wixii hore tagee ahabta[29] soo raaca
Istiqfaarta iyo Toobaddana laabta ka ogaada
Ikhwaa magaca laydiin baxshee eedda kala daasta
Haddii kale abaalkiinna suga aragte qaarkiisa!

....

1. Ibraahim:	*waa Ina Sheekh Muuse*
2. Sheekh Muuse:	*waa sheekh caan ahaa oo watey dariiqadii Axmed Bin Idris*
3. Madar:	*waa Sheekh Madar Axmed Shirwac, ahaa caalim weyn, looguna horraysiin karo raggii jilbaha u dhigay ilbaxnimada Soomaalida qarnigii 19aad, gaar ahaan dhanka barashada diinta, beeraha iyo degaamaynta magaalooyinka, waxa uu ka soo jeedaa Hargeysa*
4. Xaaxi:	*Degaan ka tirsan degmada Oodweyne, Togdheer*
5. Aadam iyo Guure:	*Rag xilligaas magac lahaa oo aan laga hayn wax tafaasiil ah*
6. Asaraar:	*muran*
7. Ina Amarre:	*Sheekh Cilmi Amarre oo ahaa nin samatalis ka ahaa degaanka Go'o ee Degmada Oodweyne, nabadda iyo wada noolaanshaha dadka caan ku ahaa ka shaqayntooda*
8. Ahab:	*ahhin*
9. Arbow Ina Cali:	*waa Sheekh Axmed Cali Maxamed oo ahaa caalim Aqoonta Fiqhiga wakhtigiisii cid kula mid ahayd ay yarayd, ahaana nin urursan oo af gaaban, laakiin aan xaqa dillacintiisa ka gabban. Sheekh Axmed waxa uu ka soo jeedaa degaanka Ceerigaabo, halkaasuuna ku geeriyoodey 1982, Alle ha u naxariisto.*

10. Nuux Furre:	Nin caalim ah oo wakhtigaas aad looga yiqiin geyiga Soomaalida, waxa uu ahaa ninka ugu da'da weyn raggii markaas jasiiradda Sacaada Diin ku xidhxidhnaa, waxanu ahaa afhayeenkooda
11. Ayland:	(Af-ingiriisi) jasiirad
12. Seyid Maxamed:	Waa Seyid Maxamed Cabdille Xasan, Hoggaamiyihii Daraawiishta
13. Arrad:	dhar la'aan, marka dharku kugu dul idlaado ama wax la xidho la waayo
14. Anfiyayaa:	(Af-carabi) diidayaa
15. Andacood:	sheegasho
16. Shujaacad:	(Af-carabi) geesinnimo
17. Agab la'aan:	wax la'aan, faro madhnaan
18. Ahmin:	wananka iyo orgida tuman ama dhufoonan ee in la iibgeeyo loogu talo galo
19. Asbaac:	(Af-carabi) bahalaha hilib cunka ah
20. Ab-roon:	ka dhalasho wacan, ka qabiil sarreeya
21. Ictiqaad:	(Af-carabi) rumayn
22. Aamikaar:	hubka tiknikada ah
23. Omos:	siigo (Boodh) iyo kulayl wada socda
24. Alhuumeeyey:	Ibtileeyey, salliday
25. Amraada:	(Af-carabi) cudurro
26. Uluuf:	(af-carabi) kumannaan
27. Arfac:	(Af-carabi) ka sarraysiin
28. Arjaca:	(Af-carabi) dib u laabta
29. Ahabta:	Milladda

....

DILKII SHEEKH BASHIIR

Dhammaadkii Dagaalkii Labaad ee Dunida waxaa gobolka Togdheer ka oogmay dab uu shiday halgamaagii dulmiga nebcaa ee xaqa jeclaa Sheekh Bashiir Yuusuf. Magaalada Burco ayuu Sheekhu dharaar cad ka bilaabay badheedhihiisa aan gabbashada aqoon. Culimadii diinta ayuu shiriyey, una sheegay in lagu dhaqaaqo ficilkii dadka iyo dalka lagaga xorayn lahaa gumaysiga muddada dheer loo "gees iyo gafuur" xidhnaa. Dood iyo lafogur dheer ka dib, badiba culimadu arrinkaas Sheekha way uga garaabeen, hase yeeshee waxa ay u soo jeediyeen in aan cudud iyo xoog lagu muquunin karin gumaystaha dalka haysta, balse ay taas ka fududdahay in ay Qur'aanka ku akhriyaan oo Alle ka baryaan inuu gumaystaha ka kiciyo. Sheekh Bashiir oo liqi la' mawqifkaas culimada, ayaa soo qaaday bakeeri ama bilaale oo dhex dhigay culimadii, una sheegay in ay soddonka Jis ee Qur'aanka hareeraha kala fadhiistaan oo ku akhriyaan bilaalahaas, kuna jebiyaan. Markii ay ku akhriyeen ee waxba jabi waayeen, ayuu Sheekh Bashiir qaaday bakooraddiisii oo yidhi "Bismillaah", oo baguugaha ka dhigay bilaalihii, una iftiimiyey culimadii in "Bisinka iyo ficilku wada socdaan". Bisin aan ficil lahayni waxba ma taro. Burco gudaheeda ayuu Sheekh Bashiir guluf ka heenseeyey. Markii lagaga taag roonaadayna waxa uu ciidamadiisii la galay buurta la magac baxday Buurdhaab ee ku taalla degmada Caynaba. 1947 ayaa Sh. Bashiir Yuusuf lagu dilay isaga oo mintidaya dagaal ka dhacay Buurdhaab. Meydkii Sheekha waxaa la keenay magaalada Burco, lana soo dhigay meel dibad ah, loona diiday in la aaso.

Xaaji Aadan Af-qallooc dhacdadaas ayuu ka tiriyey gabaygan dhaxalgalka ah ee la magaca baxay Dilkii Sheekh Bashiir. Waa gabay tiiraanyo, baroordiiq, calaacal, guubaabo, hogatus iyo taariikhayn ah oo ku saabsan dilkaas Sheekh Bashiir, sidaas foosha xun ee meydkiisa loola macaamilay iyo sida liidata ee dadkii magaalada Burco maalintaas ku sugnaa isha miirta uga dhigayeen ee aanay xitaa wax ficilo ah uga samayn hagardaamayntii dhafoor taabashada ahayd ee meydka Sheekh Bashiir. Gabaygu waxa uu Soomaalidu ku boorrinayey in ay fadhiga ka kacdo, kuna dayato shucuubta caalamka kale ee gobannimadooda "shanta farood iyo calaacasha" kaga dhacsanaysa kuwii addoonsanayey ee midiidinnimada ku sandullaynayey.

Markii uu Xaajigu gabaygan tirinayey waxa uu ahaa 80-jir ku dhowaad. Ingiriisku xabsiga ayuu dhigay. In uu xasilloonida khalkhalinayo ayaa lagu eedeeyey. Muddo yar ka dib Xaajigu xabsiga ayuu ku indho darreeyey. Culays badan ayaa gumaysiga lagu saaray in Xaaji Aadan jeelka laga sii daayo. Cadaadiskaasi waxa uu maamulayaashii gumaysiga Ingiriiska Somaliland uga wakiilka ahaa ku sandulleeyey in Xaajiga xabsiga gudihii indhaha loogu jeexo, halkaasi oo uu ku ladnaaday, araggiina ugu hagaagey. Waxa uu yidhi:

Duhur baa Bashiir lagu shannaqay[1] daar agtiinna ahe
Damal la hadh galaa bay jebsheen waqay dulloobaane
Dahriga iyo laabtay rasaas kaga daloosheene
Isagoo dam iyo dhiig leh oo maro ku duuduuban
Dadkii uu nebcaa iyo kufraa daawasho u yimide
Dacsad[2] iyo ihaaniyo[3] cag baa loogu sii daraye
Meydkiisa daahira markii dibedda loo jiidey
Nimankii dilkiisii qirtiyo idinka duunkiinna
Kolkii aaska loo diidey waad wada dul joogteene
Ma damqane jidhkiinnii kolkaa waad ku digateene
Nasab haddaad Durriyaddii[4] tihiin kama dareerteene

Ma duugoobin Qayb-diid[5] lafuhu waana duxayaane
Duur looma gelin geesigii dirirta weynaaye
Dar kaloo ciyaar lagu diliyo daw-gal baa jiraye
Oo aan deero deero u hirdiyin sida digaaggiiye

Isaga oo dulmiga aad qabtaan dood ka celinaaya
Da'dii uu ahaa Faarax[6] baa jeelka loo diraye
Haddeeruu siduu diley arwaax dibedda meeraaye
Loo diid durriyadduu dhaliyo duunyaduu dhaqaye

Gobannimo duqii Cali Bahdoon[7] doonisteed dhimaye
Telefoonna[8] waatuu dawakhay doorkii uu yimiye
Dacwad iyo wuxuu hadal yiqiin idinka daw waaye

Wax badan baa karbaash lagu dirqiyey duqiyo wiilkiine
Nin gadhkii cammuud loo daroo dabada loo xaydey
Oo ulo dubkiyo jiidhka suga lagu dalliigaayo[9]
Oo kuman dadkiisii ahaa daawasho u joogo
Oo aan la diidine farxaan lagu dareeraayo
Waa dabac idiin gooniyaan duulla waafiqine

Bahal[10] cadarku dilayaa jira oo digo shifaysaaye
Idinkana daliilkiyo wacdigu waydin didiyaane
Af-daleela iyo baad shubtaan Diin la iibsado'e
Dib intaw shakiyi ceebihii daahirka ahaaday
Maa laga dagaallamo naftaad dib ula maagteene

Dulli inaad tihiin buu hubsaday Diinta caasiyaye
Dahab buu ku iibshaa dhulkaad dir u lahaydeene
Hore haddaad u dirirtaan haddadan idinba daareene
Doqonniimadiinnii horay daraf ku haysaaye
Dambarsada haddaa xaabadii laysu soo degaye

Ummadaan xorriyad doonan oo daafac noqon wayda
Dadku inuu addoonsado horaa loogu daabacaye
Dabka naarta fulahaa wax gala ugu dambaab weyne
Dacaska iyo ceebtaad qabtaan baa idinka diimoone
Dunjigi Aadan[11] ubadkuu dhalaad ugu dambaysaane
Wixii aad ku dacafteen qalbigu saw iskama daayo
Dib maxaa idiin celinayoo hore idiin diidey
Maruun maad ku dayataan khalqiga libinta doonaaya

Dabka qaade Sharaqii[12] wax badan daadunka ahaaye
Turki inuu Bulqaariya deguu daarka ku hayaaye
Wax badan buu dariiq inuu ka helo doonay Malatoofe[13]
Dardaniil[14] ka xidhey Ruushankay deris ahaayeene

Ka duuduubey Faransiis dhulkii Suuriyuu degaye
Dergedii Lubnaan iyo ka guur degelkii Beyruude
Deeq kama ahaannine bir baa daanka loo sudhaye

Dejla iyo Furaat[15] ferenjigii kama dekeeyaane

Dahraan iyo ka kace ceelashay wada degmaysteene
Dirir iyo jihaad Maxamed Rida[16] uga dambaysiiye
Wuxuu Faysal[17] taarka ugu diray daawo iyo jaare

Ingiriis wuxuu damacsanaa Reer Hindiya diidye
Sidii Gaandi[18] doonaayey baa haatan daahira'e
Daarihii Bunjaab iyo ka kace dahabkii hoos yiille
Daymada haddeer bay indhuhu dib u jalleecaane
Damaashaadku waa Maxamed Cali[19] loo dabbaaldegaye

Masarna door horaa laga diriyo dawgii khoorriga'e
Iskanderiya kama soo degaan ducuflihii gaale
Dakhiirad[20] iyo saabaan[21] wixii dirirta loo keenay
Faaruuq[22] u dacaree in ay dabar ka qaataane

Dusha kuwii alaabada ku sidey[23] debeshka loo dhiibto
Waa kaa bagaasigi[24] dallacay dacayda weynaaye
Imminkay Maraykan u dirteen Looyar daafaca'e
Tanuun baa darxumadaw hadhaye duni xalaalowdey.

Dad oo idili soo eri ninkii daallinka ahaaye
Diyaarado wax lagu soo guriyo mayl wax lagu daadsho
Daad-xoorta[25]oo idil halkaa lala damcaayaaye
Dekedaha maraakiib shixnadan baa ka soo degiye
Waa dooyo[26] nimankaa u kacay Dig[27] iyo Ceel-dhaabe[28]
Gadhle[29] dhagaxa uu doonayaa waa dusmiyo xeele
Danta iyo qasdigu waa horseed laga dambeeyaaye
Dabayshiyo ayaxu waa tusaha laysku dagayaaye
Wax daliila maabkuu diruu soo duwaay yidhiye
Dawlaabta boqol fayl ka badan daafta waxa yaalle
Inay duuddu dacar yeelatuu doonayoo helaye
Wax dawanan dariiqiyo halkay debec ku fooftaaye
Daliig[30] cawsa meel aan qornayn deelka laga waaye
Dacasha iyo xayn-booradaa[31] buug ku daabacane
Dabin baa sitaar[32] looga dhigay man iyo doomaare[33]
Daaqiyo biyaha waa la xidhan eegga dabadeede
Halka Daawad[34] xeradeedu tahay gaaladaa degiye

Dad shaqeeya mooyee miyaa laga dal waayaaye
Dad-guuraagu goortuu madhaad dabar go'aysaane
Nin dayuurad iyo moodhar laa beer idiin dirane
Durgufkiinna[35] soo hadhi waxaan diidayuu garane.

Wax badan baan dammiin dhega la'aa daasaddaw tumaye
Ama ninay indhuhu dam is yihiin 'day waxaa' idhiye
Caammiye nin daadihinayuu diidayaan ahaye
Dab baan moodey gaaraabidhaan[36] daymadii hore'e
Dambas iyo ramaad[37] baariddaan[38] naar ka deyayaaye
Dacar iyo unuun baan macaan ugu dudaayaaye
Doofaar ilkihii baan u filay dur iyo yaaquude[39]

Dawliilka[40] waxaad shaabahdaan dad iyo iinsaane
Waxnaad khuluqa daawo u tihiin habar-dugaageede
Ninkii idinla dawsaaba[41] waa diidayaa nolole
Dooy baad tihiin aan qalbiga nuur ku soo degine
Danni iyo xumaan waxan ahayn kuma dedaashaane
Hadba kii idiin daacadaad dabin u qooshaane
In kastoo dabiib maahiroo duxa ah loo keeno
Dello ma leh dubaaqiyo wadnuhu nimay dillaacaane
Dulli baad ahaydeen taniyo daayinkii abide
Dardar iyo kulayl waxaan la imid daashey[42] laabtiiye
Waxyi hadduu idiin soo degoo laydin deeqsiiyo
Oo Nebigii soo daahiraan idin daweeyeene
Dinnadihiyo idinkuba horaw damac xumaateene
Midna derejo kuma haysataan labada daaroode

Gobannimo daleel lagama helo daar adoo galaye
Haddaad doono leedahay naftaa diiq la geliyaaye
Waa mur iyo deebaaq waxaad dib ugu aydaaye
Mar haddaan waxaan doonayiyo dawladnimo waayey
Dantay weeye inaan aammusaa eegga dabadeede
Dulligaa ku jira noloshu waa idinku deelqaafe.

....

1. *Shannaqay:*   *(Af-carabi) la deldeley, xadhig lagu merjiyey*
2. *Dacsad:*   *cagta boosteeda*
3. *Ihaano:*   *daandaansi, quudhsi, bah-dil*
4. *Durriyad:*   *dad dhiig leh oo dareen iyo damqasho leh ayuu u jeedaa, farac*
5. *Qayb-diid:*   *waa Qayb-diid Xirsi Guure oo ka mid ahaa dhawrkii*
    qof ee ugu horreeyey ee gobannimada darteed loo deldelay.
    Waxa uu abuuray dhaqdhaqaaq jid-gooyo ku sameeya ciidamada gumaysiga Ingiriiska hawdka magaalada Burco, waxaanu ka mid ahaa hoggaankii ciidamada Sheekh Bashiir.
6. *Faarax:*   *waa halgamaagii weynaa ee Xaaji Faarax Oomaar*
7. *Cali Bahdoon:*   *Halgamaa u kacay xoraynta Djibouti*
8. *Telefoon:*   *waa Jaamac Telefoon.Waxa uu ahaa bad-mareen ku nool Ingiriiska. 1927 ayuu bilaabay loollan dood ah oo uu ku baafinayo xaqa in Soomaalidu ka xorowdo gumaysiga.Hyde Park oo ku taalla badhtamaha London ayuu mikirifoonka qabsan jirey, isaga oo ku dhawaaqaya in ay dadkiisu xoroobaan*
9. *Daliigeeyey:*   *ul lagu caseeyey oo haaro loogu yeelay*
10. *Bahal cadarku dilo:*   *waxaa looga jeedaa xaar-walwaalka*
11. *Dunjiga Aadan:*   *dirkii Nebi Aadan*
12. *Sharaq:*   *Jihada bariga (Af-carabi), waxa looga jeeda waddamada badda Mediterranean-ka ku oggoga leh ama kulaalaya ee Ciraaq, Suuriya, Lebanaan, Masar, Turkiya ama waddamada koonurta bariga ee qaaradda Aasiya, sida Hindiya iyo Pakistaan iwm oo xilligaas kacdoon ku hayey gumaystayaashii reer Yurub.*

13. *Malatoof:*   *waa Malatov, wasiirkii ammuuraha dibedda xilligaas ee USSR*

14. *Dardanil:*   *waa marin biyood u dhexeeya Ruushka iyo Turkiya*

15. *Dejla iyo Furaat:*   *laba webi oo mara musabataaniya; dhulka Ciraaq iyo Suuriya*

16. *Maxamed Rida:*   *waa Maxamed Rida Bahlawi, shaahii Iiraan ee xilligaas*

17. *Faysal:*   *Boqor ka talin jirey Ciraaq*

18. *Gaandi:*   *Hoggaamiyihii xornimo-doonkii Hindiya*

19. *Maxamed Cali:*   *waa Maxamed Cali Jinaax, hoggaamiyihii Pakistaan ee xilligaas*

20. *Dakhiirad:*   *(Af-carabi) qalab, aalad wax lagu adeegsado*

21. *Saabaan:*   *qalabka wax lagu cuno ama shaqeeyo*

22. *Faaruuq:*   *Boqorkii Masar, waxa inqilaabay Maxamed Najiib iyo kudladdi Jamaal*

Cabdinaasir: *Jamaal Cabdinaasirkii Masar*

23. *Dusha kuwii alaabada ku sidey:*   *waxaa looga jeedaa xammaaliinta*

24. *Bagaasi:*   *dadkii Afrikaanka ahaa ee hoos loo eegi jirey*

25. *Daad-xoor:*   *qashinka iyo xunbada daadku keenaan*

26. *Dooyo:*   *sahan tag, ilaalo*

27. *Dig:*   *meel go'an, waana Cayn ujeeddada gabaygu, Dig waxa kaloo loo yaqaan harooyin ku yaalla Hawdka sare iyo Doollo dhexdood*

28. *Ceel-dhaab:*   *waa ceelal u dhexeeya Caynaba iyo Oog*

29. *Gadhle:*   *macdan-baadhe (Geology) ka mid ah saraakiishii gumaysiga Ingiriiska ee Somaliland*

30. *Daliig:*   *so' yar oo go'an oo u dhuuban sida laagta, caws iyo geedana yeelata, calaamad, dun yar oo dhuuban*

31. Daawad: *hal magaceed, waxaana looga jeeda geela*

32. Dacal iyo Xayn-booro: Calaamad, sumad ama baadi sooc geela lagu dhigo, si looga garto geelasha kale

33. Sitaar: *daah, meel la seeray ama la xidhay*

34. Doomaar: *waa geedo ka baxa dooxooyinka oo cawska ama harrarka laga sameeyo*

35. Durguf: *waa dawlis duug ah oo laga dhammaystay xooggii, waxaana looga jeedaa hadhaa, baaqi, inta laga naqaystay*

36. Gaaraabidhaan: *cayayaan yar oo iftiin bixiya habeenkii oo duula, xilliga kulaylka iyo roobkana dillaaca*

37. Ramaad: *1.wax gaboobey, gaar ahaan rugta jabadka ah ee laga guurey ee aan muddana la degin ama rugta dabka lagu shito marka dabku ka gamaaro ee uu bakhtiyo 2. meel dooggu iska dul baxayna waa loo yaqaan*

38. Baari: *baryood, qaboow*

39. Dur iyo yaaquud: *dhagxaan macdaneed sida dheemanta u qaali ah iyo udug*

40. Dawliil: *muuqaal*

41. Daws: *ku xidhan, la saaxiiba*

42. Daashey: *weydowdey, quwad jabtay, dardartii is dhintay oo meel mari weydey*

WADAAD XUME

Markii uu Xaaji Aadan Af-qallooc soo gunaanadey noloshii qurbaawinnimada ee uu dalka ku soo laabtay sannadihii afartanaadka ee qarnigii tegey hortoodii, waxa dalka xoog ku lahaa oo bulshada ka dhex ciidamin jirey kooxo wadaaddo ah oo qalinduurrayaal u badnaa, dariiqooyin iyo qolooyin diinta sida xaqa ah ka leexiya oo si khaldan ugu muraad qunsada. Aqoonta diinta loo lahaa uma fidsanayn sida maanta. Xaaji Aadan Af-qallooc waxa uu ka mid ahaa dad aan badnayn oo faham wanaagsan iyo aqoon sare diinta u lahaa. Xaajigu waxa uu ganafka ku dhuftay in xabaalaha la siyaarto, in Alle caabudka, Alle bariga iyo cibaadada loo sii maro cid Alle ka sokaysa oo qofka iyo Ilaahay u dhaxaysa oo xidhiidhisa. Waxa kale oo uu Xaajigu diiday in la baryo cid aan Alle ahayn ha noolaato ama ha mootanaato'e iyo in la rumeeyo sheekooyinka mala awaalka ku salaysan ee cilmi qaybka iyo qaddarka la xidhiidha, faalka, sixirka iwm.

Dood iyo dagaal aan yarayn ayuu Xaajigu la galay wadaaddadii caadaysiga iyo ku dhaqanka arrimahaas lugta ku lahaa iyo dariiqooyinkii jireyba sida aynu gabaygan iyo kuwa kaleba ku arki doonno. Xilliyo dambe oo dagaalkoodu sii baahay, ayuu Xaaji Aadan tiriyey gabaygan la magaca baxay Wadaad Xume. Cabdullaahi Sheekh Axmed "Hantiwadaag" oo Xaajiga ay saaxiib ahaan jireen, ayaa ii iftiimiyey in Xaajigu u sheegay mar ay arrintaas ka wada sheekaysteen in nimankaasi ku qaadeen dagaal aan ka dhicin kii uu ku hayey gumeysigii Ingiriiska ee dadka isticmaarsanayey. Gabaygu waxa uu ka dhashay dareenkaas Xaajiga iyo dirirtaas u dhaxaysey isaga iyo wadaaddadaas aan diinta aqoonta badan u lahayn ee wax murginayey ama diinta lafteeda ka baayacmushtaraynayey ee awrkooda ku kacsanayey. Dhanka kale waxa uu Xaajigu gabayga ku tilmaamayaa in wadaadka aqoonta diimeed leh ee caalimka ah, sida dhabta ahna cilmiga u dabbaqaa uu leeyahay qiime iyo waxtar siyaado ah oo cilmigiisa loo aayo, laguna ifsado oo lagaga baxo mugdiga. Wuxu yidhi:

Caalimkii aqoon lihi dalkiis wuu anfacayaaye
Dar kaloo isu ekeysiinayaa diley akhlaaqdiiye

Mid alaylka guuraynayoo xumo abuuraaya
Mid indhaa cirka u taagayoo samada eegaaya
Mid anaa yaxaaska af aqaan ku andacoonaaya
Midaan alif fahmayn oo dadkii wax u iftaynaaya
Mid alaabo shaydaan watoo kuumi ku eryaaya
Argaggaxa mid lala yaabo oo awlax[1] waran haysta
Intaasu waa si wada aadahoo magacu waa Aw-we

Waa niman Islaamkuba la yahay or iyo geeraare
Waa niman xadiiskiyo inkira aayadaha Diine
Nin asbaab Ilaahay heshoo xubin ka iimoobey
Shiikh baa inkaariyo Welay abid ku doodaane
Hadmaa la arkay insaan dhintoo noo arriminaaya
Haddiise uu awoodaba ayaa dhac u ibaaxeeyey[2]
Oofaha muxuu u jebinayaa kaan anfaco siinnin
Idaaja ajalan waa tilmaan lagu ogaadaaye
Marka malag amaanada qabtoo iilka lays geeyo
Allahum aclam[3] ruuxa'e lafuhu ma intiqaalaane[4]
Ilaa yawmul bacath[5] kama baxaan uubtii[6] loo qodaye
Kanaad idinku aragtaanse waa ina Abaaliise.

....

1. Awlax: *hooto dhegaley, waranka xaggiisa dambe,*
                       murjiska iwm.
2. Ibaaxayn: *u fasaxid, u oggolaan*
3. Allaahum aclam: *kelmed carabi ah oo noqonaysaa Allaa*
                       og
4. Intiqaal: *(Af carabi) wax meel laga raray oo meel*
                       kale la geeyey
5. Illaa yawmul bacath: *(Af carabi) ilaa maalinta la isa soo*
                       saarayo
6. Uub: *god dheer, dalluun, xabaal Abaaliis:*
                       waxaa looga jeedaa Ibliis

....

UGROOD BAAN KA HAAJIRAY

Sannadkii 1947 ayuu Xaajigu gabaygan tiriyey mar uu gaadhey magaalada Cadan ee waddanka Yemen. Gabaygu waa warbixin ku saabsan sababta uu Cadan u yimi ee waddankii uga soo kicitimay. *"Dalxiis ma ihi, xoogsi tagna maan ahayn" ayuu leeyahay "ee waxaan ka soo indho qarsaday dib u dhac jacaylka dadkayga iyo sida ay ula col yihiin in hore loo hinqado oo horumar loo hollado"!* Waxa uu Xaajigu arkay dadkii oo wax u kordha ha joogtee ka sii daraya oo dib u sii guclaynaya. Waxa uu la kulmay dadkii oo xilliyada Iiduhu soo galaan xoolo iska ururinaya oo hadyad ahaan ugu qaadaya oo u geynaya madaxda Dariiqooyinka Saalixiyada iwm. Waxa uu Xaajigu dadka ku yidhi oo u soo bandhigay *"in aanay habboonayn, bannaanayna in xoolahan niman meel iska kuududa loo geeyo ee ay ka hagaagsan tahay in maalkan dibadda loo dhoofiyo oo dhaqaalaha ka soo baxa tacliin, caafimaad iyo wax intifaaca oo aayo leh lagu abuuro oo wax lagaga dhigo".* Hase yeeshee taas waxa uu Xaajigu kala kulmay weerar ba'an, waana lagu gacan saydhay oo or, buuq, sawaxan iyo qaylo ayuu kala kulmay, waxaana laga dhigay "tuke baal cad".

Xaaji Aadan Af-qallooc waxa uu dareensanaa in loo baahnaa in dugsiyo waxbarasho carruurta loo sameeyo oo tacliin lagu gardaadiyo, la iskana dhaafo dariiqooyinka iyo xoolaha badan ee lagu kharash gareeyo siyaarooyinka iwm, loona duwo maalkaas xagga waxbarashada iwm. Aakhirkii markii uu dadkii ka helay dhego awdan, guhaad, colaad iyo cambaarayn, ayuu Cadan u haajirayaa, gabayganna kaga warbixinayaa arrimahaas iyo sodcaalkiisa. Ugrood waxa dega lafta hoose ee Xaajigu ka soo jeedo. Waxa uu yidhi:

Afkaaraha dadkaygiyo markaan xaaladda ogaadey
Ee indha la'aani ii muuqatiyo jahli wax aafeeyey
Ummuur qalada iyo aan arkiyo waxaanan eegaynin
Oo waxaan Islaamnimo ahayn loo ansixinaayo
Oo waxaan nin diin lihi aqbalin la oggolaysiiyey

Oo ay daba ormeeyeen wixii awliyo u sheegtay
Oo ay Saalixiyo[1] aamineen urur dariiqooyin
Oo ay awood ugu noqdeen oday Xijaas[2] jooga
Oo ay wakhtiga Iiddu tahay adhiga loo geeyo
Oo ay abaartoo baxdiyo ka igmadaan roobka
Oo inay irsaaq ka dalbadaan iniq yar loo gaadhey

Markii aan itaalkay dadkii ururshey oo waanshey
Oon idhi insaan idin la mida Eebbe haw marina
Oo aan adduunyada wax jira uga arkaa sheegay
Ajandahayga[3] goortaan ka dhigay ubad aqoon yeesha
Ilbaxnimo wax keeniyo markaan aragtideed taabtay
Oo aan dhaqaalaha adkuray udub in loo taago
Waxay ii ataageen[4] sidii bahalka oodeede

Awdiyada[5] meeshii lahayd daadku ku ekaaye
Meeshaan ugaadhii bankii kala astaynaayey
Meeshaad udgoonkii jannada ubaxa moodaysey
Meeshii ajdaaday[6] horiyo Xaamud[7] lagu aasay
Meeshii abda' ahayd dhulkaa kala ayaan roone
Uga tegey Ugrood[8] iyo rugtii Aadan Maxamuude[9]
Orod baan ku soo maray jidkii oodanka ahaaye
Amaana Alla xaaskiyo ma odhan ooridaan qabaye
Albaalka uma soo xidhin halkii agabtu ii tiille

Daraannu is afgaran weyney baan nacay agtoodiiye
Nimankii addoon Reer Maka ah aarkii iga doonay
Ka irdhoobey inaan weheshadaa abid xayaadkaye
Ushii aan jifo lahayni way arag xumaataaye
Anbad baan ahee Cadan si kale kuma imaaddeene.

....

1. Saalixiya: *Dariiqo diineed*
2. Xijaas: *Gobol ka tirsan Sacuudiga*
3. Ajande: *(Af-ingiriisi) qorshe ama qodobbo la*
                                 raacayo
4. Ataag: *(Af-ingiriisi) weerar, duullaan*

5. *Awdi:*	*waadi, tog*
6. *Ajdaad:*	*(Af-carabi) awoowayaal*
7. *Xaamud:*	*Reer Xaamud, jilibka Xaajiga oo ka mid ah Gadhweyn (Muuse Ismaaciil, Habar Yoonis)*
8. *Ugrood:*	*degaan ka tirsan Sanaag oo Xaajiga qoyskoodu dego*
9. *Aadan Maxamuud:*	*lafta hoose ee Xaajigu ka sii galo Cabdi Xaamud*

....

ASALKIISA DAHAB

Sida dhagxaanta iyo dhirtuba u kala qiime iyo manaafacaad
badan yihiin, ayaa aadanuhuna u kala haybad iyo sharaf weynaadaa,
una kala waxtar roon yahay. Xaaji Aadan Axmed Xasan (Af-qallooc)
oo hibo u lahaa inuu ereyo fudfudud oo farshaxan ah ku soo
bandhigo oo dadka ku fahamsiiyo arrin kakan iyo wacaalo duluc
fog leh, ayaa tixdan ku muujinaya in aan dadku wada dad ahayn
sida aanay dhagxaantuba u wada dhagax ahayn ee u kala qiimo
badan yihiin. Sannadkii 1948 ayuu gabaygu curtay, waxaanu yidhi:

Asalkiisa dahab waa cammuud aynu aragnaaye
Almaaska iyo yaaquudna waa udaxa[1] xeebaha'e
Ukudka iyo didibkay[2] sinjiga oday wadaagaane
Oogada dhagxaan baa la yidhi waana kala cayne

Addoomuhuna muuqaalka guud ways ashbahayaane
Labadays ag joogtaba mid baa aayatiinka lehe
Abtirsiinyo hebel ways xigtaan looma aargudo'e
Ninkii aad is garataanba waa ina-adeerkaaye
Inkastuu ikhwaankaa yahood uur la tahay hooyo
Axmaqu waa cadowgaa hadduu aabbahaa dhalo'e

Ifka intuu ku nool yahay nin xumi aaminaad ma lehe
Aakhirona doofaarraday ehel wadaagaane
Ninkii uurka kaa neceb wejiga waad ka aragtaaye
Ag-marka iyo daymadana waa lagu ogaadaaye
Haddaad tidhi aqoon baad tahay ood taada ku illowdo
Aayaha dambeetaa dadkuna kugu il-qaadaaye.

....

1 Almaas, yaaquud iyo udax: waa dhagxaan macdaneed
                               qaali ah
2. Ukud iyo didib: dhagxaan ka mid ah kuwa
                               aan qiimaha weyn lahayn

....

DARDAARAN

Waa gabay hogatus iyo guubaabo ah oo xigmad xeeldheer iyo murti sal ballaadhan xambaarsan. Soomaalida ayuu ku dhiirrigelinayaa in aanay asaaggood ka hadhin oo dunida iyo waxa ka dhacaya la socdaan. Canaan ayuu dhegaha dadka ku furayaa, maankoodana duur-xul ayuu ku carinayaa. Doc kasta wuu kaga imanayaa, si kasta oo nafta aadmiga loo kiciyo, loona qiiro geliyo ayuu adeegsanayaa. Sida uu Maxamuud Sheekh Cali (Sheekhal Jabha) ii sheegay xilligii daraasaynta buuggan, waxa gabaygani ka curtay madashii Laan Milaaxo ee lagu furayey Xisbillaahi ururkii la odhan jirey oo in ka badan 2000 oo qof oo gumaysiga diiddani isugu timid sannadkii 1956. Gabaygan iyo labada gabay ee kale ee dambeeyaa waxa ay soo dedejiyeen in Xaajiga jeelka loo taxaabo oo sidaynu soo xusnay la xidho sannadkii 1958. Dardaaran waxa uu yidhi:

Wax badan baan Ilaahow lahaa noo iftimi nuure
Wax badan baan ikhwaankay ku idhi oogsadoo kaca'e
Wax badan baan alleylkoo badh tegey aad u daakiraye
Wax badan baan anfaco lay dhigiyo oon ka haajiraye
Wax badan baan sidii igadhka geel ololey xeeshaye
Wax badan baan albaabada tumoon soo ordaay tidhi
Wax badan baan ajnebiga uga digey reer Afriiqiya'e
Markanse eegga odayoobayoo waan itaal gabaye
Waa arami feedhaha waxaan aahda la hayaaye

Ifkana talo ma kala qaadataan oo waa isku ogayne
Aakhiro haddii aan tagoo iilka la i geeyo
Itixaada waataad sidii adhi ahaydeene
Indhahaysku aragtaan cadaawaha iskaga eega
Is aamina dannigu waa waxaad ku ibtilowdeene
Is aqbala qabiilnimada waad ku ambanaysaane
Is addeeca uurxumidu waa aayatiin li'iye

Ujeeddada la qarinaayo iyo amar dhammaan doonku
Waa waxa danteenna akhiree taa iska ogaada
Orod kuma gasho'e taladu waa oodo dhacameede

Ninkaan aabbihii saafi jirin looma aammino'e
Ha ekaanninee talo ninkii odhan karaw dhiibta
Adduuniyo cilmaa qaaliyee urursha maalkiinna
Ishtiraaga oo xoolo badan seeska ku adkaysta
Ixsaan fala wax badan baa fakhrigu uub ku ridayaaye
Hana ordina'e xaajada sidii aydinta[1] u raaca
Ikhyaartiinna daacada tashiga wada ogaysiiya

Ixtiraama waayeelku waa odayadiinniiye
Ahlan dhaha wadaaddadu cilmay kuu akhriyayaane
Inammada koraayaa waxay ku aslaxaan fiirsha
Edebtiyo hablaha sharafka bara waa Islaamnimo'e
Ummahaadka diintiyo sharciga uga arkaa sheega
Axmaqnimo wixii keenayiyo turubka eeseeya[2]
Ahdaaftiinna xeerkood jartaan haw asal ahaado

Fakhriga aabbihiis waa fadhiye aad u camal yeesha
Adigoon indho la'ayn wakhtiga meel ha ku idlaynin
Allaahu akbar dhaha waa nasriga idibbilkiisiiye
Axmaaradiyo gaaladu tashade inaad abaaddaane
Afcas baa miyiga loo farraqay laysku aayiro'e
Ergo dira dhulkoo idil martoo af iyo liisaan leh
Amni xidha naf Soomaaliyeed yay isku idlaane
Abhiya oo dadkaba waanadaas wada ogaysiiya
Ninkii aan aqbalahayn sidaas buugga ku asteeya

Aboorkuba allaylkuu dhisaa aqallo waaweyne
Markuu ururay daartuu abyaa la ashqaraaraaye
Ulihii uu Mussolini[3] isku xidhay aragte waagiiye
Iyaguba Talyoo idil minday kaga adkaadeene
Ilkuhu wada jirkooday hilbaha adag ku gooyaane
Haddii iniba meel taagan tahay adhax ma feenteene
Itifaaq[4] la'aan laguma helo lib iyo iimaane
Abtirsiinyo reer hebela' iyo oday ku faan tuura
Indho fura hurdadu waa waxaad ku ibtilowdeene

Amsaashu nin weyl gawracuu eegay dibigiiye
Arag buu ku yidhi waxa xigaa adiga weeyaane

Alla bariga reerkaaga waa laga asiibaaye
Orgigood qashaa baa wankuna kugu ogaadaaye
Ibtidaaga beerkaad cuntaa sarartu eesheede

Injirtiyo kutaantaa ka badan bahalka oodeede
Ninkaan gurigu aammin u ahayn eegi waa dibade
Axdigaydin dhigateen ninkay laba ahaan weydo
Oo idinka eed idinku fala ugu arwaax gooya
Ninkii aradka khiimaad dishaan aasidda u diida
Uf intaad tidhaahdaan ka taga arag xumaantiisa
Ingiriiska ugu yeedha waa ina adeerkiise

Goortaad af-qaadkiyo dishaan eeyda daba joogta
Isticmaarka maantaas jihaad ugu alaabaysta
Aanada raggii idinka wadey eebo kaga goosta
Ardal baa gacmaha soo wadhtaye anafo weyn yeela
Oggolaada geerida gunnimo waa ammuur culuse
Addoonnimada diidoo dagaal laabta ka ogaada
Hanays odhanin aarmiga ka baqa aaladdiyo xoogga
Iimaan haddaad leedahayood aad u dirirayso
Ushaad haysataan iyo madfacu waa isku itaale
Axadkii kastiba waa naf qudha wuxuu ilaashaaye
Aarkaba kaneecada cuntuu ay la jiifsadaye
Ishaarada cas baa lagu helaa aaye kaa maqane
Ololaha ha daynnina xornimo aammus lagu waaye.

....

1. Aydin: midabka geela ee u dhexeeya casaanka iyo
                caddaanka (midab dedan oo aan casaan iyo
                caddaan midna ahayn, labada se u dhexeeya)
2. Eeseeya: (Af-carabi) diida
3. Muusalini: Waa Benito Mussolini; Hoggaamiyhii
                Faashiyadda Talyaaniga
4. Itifaaq: heshiis, is-raac, midnimo iwm

....

ISXAAQ IYO ISMAACIIL

Sannadkii 1958 ayuu Xaajigu gabaygan ka tiriyey furitaankii
xisbigii USP ee xornimo doonka ahaa, dulucda gabayguna waxa ay
ku arooraysaa ujeeddo ahaan in qabaa'ilka Soomaalidu ay asal
ahaan wadaagaan dhalasho ka dhaxaysa. Odayaashii Sheekh Isxaaq
iyo Ismaaciil (Daarood) in ehelnimo ka dhaxaysey, ayuu
tilmaamayaa. *"Qabiil kasta oo la sheegto iyo isu faanna waxa ay
hungoobeen oo adhaxda ka jabeen" ayuu leeyahay "markii
Soomaalida gumeysi shisheeye qabsaday ee la addoonsaday ee
nin kasta oo laandheere sheegan jirey oo is bidi jireyna suuqa
lagu shaabuugeeyey; lagu jeedalay ama uleeyey".* Gabaygu wuu
ka gudbayaa Soomaalida, waxanu u tallaabayaa Afrika oo leeyahay
wax baynu isu nahay ee madow oo dhan ha kala soocina oo soo
dhoweeya, ugu dambayntiina waxa uu Soomaalida ku
guubaabinayaa is-waansi, is-garabsi iyo is-weheshi, iyo in ay dhaxal
fiican u sii dhiteeyaan jiilasha soo socda oo aanay noqon *"la-
haystayaal is-haysta".* Waxa uu Yidhi:

Isxaaq iyo Ismaaciil beray amar lahaayeene
Asalna waa wadaageen horiyo ab iyo laandheere
Aakhiro tagoo waxaad tihiin inammadoodiiye
Aradkaad ku loollami jirteen uun kalaa degaye
Ummuurii horeetiyo la waa oday anaa roone
Idinkaysu anafoonayee laydinka adkaaye
Ninkastoo itaal sheegan jirey Gaalka waw inane

Addoomihii xoroboo xaq bay ku andacoodaane
Idinkana nin erey sheegay baa lagu uleeyaaye
Ikhyaar ma lihin oo waxaynu nahay adhi la raacaaye
Abtirsiinyo ficil waydey baad daba ordaysaane
Haddii baqalka aabbihii la yadhi noo astay magaci
Abtigaygu faras weeye buu abid ku faanaaye
Asba uma ekee xaajaduu ku asturaayaaye

Axwaasheenna goortaan arkiyo odayo sheeggeenna
Afkaa kala duwane labada xaal ways ashbahayaane
Idinkaan fekerin sidatan waa ku ambanaysaane

Itifaqa ikhwaan baad tihiin ehel walaaloode
Aqoon yeesha waa jaahilnimo waxaydin eeddeene
Waddankiinna ooyaaya iyo eega taladiinna
Ubadkiinna hadhayaa waxay ku aslaxaan fiirsha

Axraarnimada waa loo dhintaa diida amarkooda
Haddii uu Ugaandhiyo ka yimi aradka Nayroobi
Nin xun baw abtiriya iyo gaal addoonsadaye
Ahlan dhaha Madow idilkii waa Ina adeerkiine

DOOD KARAL

Karal waxa uu ahaa sarkaalkii mustacmaradda Ingiriiska
Somaliland uga wakiilka ahaa. Xaajigu gabaygan ayuu Karal ugu
sheegayaa kala fogaanta duruufihii iyo dareenkii dadka gumaysiga
ku hoos jira iyo kuwa wax gumaysanaya. Sannadkii 1958 ayuu
Xaaji Aadan gabaygan tiriyey, waxaanu Ingiriiska iyo
gumaystayaashii kaleba uga digayaa in aan xeebaha Soomaalida ee
Djibouti loo fasixin Yuhuudda Falastiin dhaxal wareejisey, isaga
oo farta dhexda ka qaniinsan, iskuna ciil kaambinaya sidii
sahlanayd ee "Reverved Erea" Xabashida hadyadda loogu siiyey.
Dhinaca kale waxa gabayga ka dhex muuqda gooddi iyo digniin
hoosta ka xarriiqaysa in colaad iyo dagaal faraha la isa saaraa
joogtoobayaan inta gumaystuhu arlada haysto ee ka amar ku
taaglaynayo dhul dad kale leeyihiin. Xaaji Aadan waxa uu Karal u
sheegayaa inuu dooddiisan isu dhaafiyo oo gaadhsiiyo Wilson oo
ahaa ra'iisal wasaarihii Ingiriiska ee xilligaas. Waxa uu yidhi:

Karalow falaad gabay beryahan iguma fiicnayne
Fikrad gibin ah oo ii timaan faafi leeyahaye
Fahma nimaan lahayn baydin yidhi waa inoo fereje
Falaaggiinu meeshuu tagaa foqorku joogaaye

Kolkaad dhiiggii naga fuuqsateen feedhme lugihiiye
Farawga idinka baxay waa rag kale fiix u leeyahaye
Feeraarkiyo baxsigu waa waxaad nagu falaysaane

Fidmada dunida nimankii dhigee loo fadhiyi waayey
Falastiin kuwii boobayee Carabta foorseeyey
Djibuutaa Yuhuud loo fasaxi waa farsamo weyne

Fiicnaanta qaar baa ka mida fayda kaa rida'e
Farraqaadda aradkii Amxaar fidada loo siiyey
Ficilkii Reseef Eeriyaan fool lagaa ridine

Foomkaad qorteen baa ahaa fidha rasaaseede
Fajac baa ka dhici caalamkiyo feleg colaadeede
Isticmaarka fiif beelay baa faalkii ii baxaye
Idinkiyo Faraankaba nabsaa soo faruur-xidhiye

Fadligii Jamaal baa dadkii faa'iido weyn taraye
Nin kastaaba idin fiiriyoo fara ku hayn diidye
Ku fillaade Carabtii dhulkaad ugu faqayseene
Ferdi keliya oo idin la mida filiba maysaane

Mase fayooba feedhuhu raggaad faraha goyseene
Goortay fursadi muuqatay falaqsanayaane
Fallaadhaa ka soo bixi dhulkaad fidada mooddeene
Fiintaa ka ciyi beerahaad Faam ka dhigateene
Raggaa fidhinka loo geliyey baa faane-raac noqone
Dar kaloo la fududaystay baa foodhi-bahallayne
Foorno lagu gubtaa bay ahaan faranta Reer Hawde
Fooqyadiyo daaraha wax geli daraad fogayseene
Firiqduna aday kugu danbayn fooskan dabadiiye

Hadduu fiire kaa galo warkaan fidinayoo sheegay
Finkii weli ma taabannin halkaad fiixda ku lahayde
Fadeexadiyo ceebtaad dhigteen sooma faaqidine
Waagaan fidaa'iga qorteen faajirada laayo
Ayaan hadal wixii iiga furan kuu furfurayaaye
Adigiyo fariiddada kalaan fool ku tirinaayo
Iska fiirsha xaajada intaan laydin fara-saarin
Wilsanna ugu gee farriin wuxuu falina yeelkiise.

GOBANNIMO HALKAY TAAL

Xilligii xarakada xornimo-doonku kacsanayd Xaajiga marba waa la soo xidhi jirey, iyada oo lagu eedaynayo inuu dadka kicinayo, xasilloonidana wax u dhimayo. Xabsiga ayaa loogu geeyey dad kale oo ku xidh xidhnaa. Kolkuu habeen iyo maalin xidhnaa isaga oo aan wax oomato ah afkiisa gelin oo qatanaa, ayaa lagu yidhi: *'Hadhuudh ma cuni karaysaa'?* Geeraarkan ayuu ku jawaabey, isaga oo ku dhiirri gelinaya maxaabiistii la xidh xidhnayd in xabsigu ka mid yahay nolosha nin kasta oo gobannimo-doon ah, xabsina ay soo wada mareen raggii waaweynaa ee gobannimo-doonka ahaa, sida Nakruuma, Gaandi iyo raggii la midka ahaa. Axmed Xaaji Aadan Af-qallooc waxa ii tibaaxay in xadhiggani ahaa kii ugu dambeeyey ee Xaajiga, lana sii daayey markii gobannimada la qaadanayey. Wuxu yidhi:

Gobannimada hawl yari ninna kuma helaayo'e
Rag horuumar doonana waayaa horjooga'e
Haasaawe jiib iyo hurdo kuma timaaddo'e
Habeen nimaan u guurayn hoo lama yidhaahdo'e

Nimaan haaro lagu yeelin hebel lama yidhaahdo'e
Halkay taal wax kaa xiga halasiyo dab weeye'e
Hore inaad u jiidhaa hadafkeedu yahayoo
Hammadiyo ujeeddaduna dhaxal hadhaya weeye'e
Halkaan caawa joognana rag baa loo hagaajaye
Haamaannadaa gala laga haybadaysto'e
Haytamihi Gaandaa[1] beryo lagu hor joogaye
Halyeygii Nakruumiyo[2] Jamaal[3] baa u hoydaye
Isba magacii uu helay baa loo hanneeyaye
Anna kama hinniyayee taariikh bayga hadhiyoo
Haad-biidhigiyo[4] biraha habro looma tumannine
Nin harraati diidaa hoggaan looga dhigayee
Nin sidayda hawl-kari hohba kama yidhaado'e
Hadhash iyo nin liitaa ka halaahalaaya'e
Hanba nimaan lahayn baa hagardaamo mooda'e
Higmaddiyo[5] bustaha xumi ka hagaagsan ruumiye
Hadhuudhkayga ii keen halla maaha xaalkuye.

....

1. *Haytimi Gaandi:*   *waa Mahatama Gaandi,*
                                 Hoggaamiyihii xornimada India

2. *Jamaal:*   *waa Jamaalu Diin oo ka mid ahaa madaxdii*
               xornima-doonka Afqaanistaan,

3. *Nakruuma:*   *waa madaxii dawladdii ugu horreysey*
                            Afrikada madow ama ka hoosaysa
                            saxaaraha ee xorowda, waa dalka Ghana
                            oo hore loo odhan jirey "Gold Coast" ama
                            Xeebtii Dahabka oo gabannimadeeda
                            qaadatay sannadkii 1957

4. *Haad-biidhi:*   *katiinad*

5. *Higmad:*   *waa gogol yar, sida xallaafka iwm*

....

QAYBTA 3AAD

DAWLADIHII RAYADKA IYO GABAYADII
AF-QALLOOC
(1960 – 1969)

DAWLADIHII RAYADKA IYO GABAYADII AF-QALLOOC

Dhibaatooyin hor leh oo la kacaamayey dawladdii cusbayd ee dalkii curdinka ahaa, ayaa isla markii gobannimada la helayba unkamay. Halkii dhis qaran looga oogsan lahaa ayaa la galay oo la dhex muquuray dhis qoys iyo habar-wacasho qabyaaladeed. Garashadii ama wadcigii dadnimo iyo kii ummadnimo waxaa ka itaal roonaaday oo muquuniyey garasho tolliimo iyo hiilo qabyaaladeed oo ku beermay oo naafeeyey xafiisyadii dawladdii cusbayd. Lama awdin daldaloolladii jirey, lamana gufayn wixii qabyo ahaa ee sugayey qaran cayddi ah. Musuqmaasuq, boob, caddaalad darro iyo qabyaaladdaas ayaa indho tiray oo madax maray maamulayaashii dawladihii u kala dambeeyey talada waddanka. Sida foosha xun ee maantaba waddanka ka dhisaalan ee xoogga ku leh si la mid ah ayaa qarannimadii casriga ahayd waxaa lagu milay qaab dhaqameedkii tolalka iyo xag-jirnimada qabyaaladeed ku salaysnaa ee qabaa'ilka xoola dhaqatadu legdanka nolosha u cuskan jireen. Madaxdu waxa kale oo ay horseed ka noqdeen fusuq iyo fasahaad ballaadhan oo waddanka ku sii baahayey.

Hal-abuurku waxa uu ahaa aaladdii ugu indhaha fiiqnayd, uguna feejignaanta iyo deeqda badnayd ee soo bandhigta jiritaanka arrintaas, kana digta cawaaqib xumaanta ay soo gelbinayso. Alle ha u naxariistee Axmed Ismaaciil Diiriye "Qaasim" ayaa si toolmoon arrintan ugu soo bandhigay dhawrkan beyd ee ka midka ah gabaygiisa dhaxalgalka ah ee Dayax. *"Waxba isma beddel"* ayuu gabyaagu leeyahay *" ee keliya waxa tegey ninkii caddaa, waxana daaqadda ka soo galay oo halkiisii fadhiistay nin midabka Soomaalida uga eg, hase yeeshee la qalbi ah (la dareen ah) ninkii caddaa ee la iska xoraynayey!"*

Isma doorin gaalkaan diriyo daarta kii galaye
Dusha midabka Soomaali baad dugulka mooddaaye
Misna laguma diirsade qalbigu waa dirkii Karale!

Xaaji Aadan Af-qallooc waxa uu ka mid ahaa hal-abuurkaas kuwii ugu cadcaddaa ee iftiimiya, dadkana u tilmaama ee uga diga wadiiqooyinkii qardajeexa ahaa ee cagta la saaray. Gabayadiisu farta ayay boogta darayaan, waxanay ku damqayaan dareen kulul iyo diidmo qayaxan. Way xoqayaan oo kaga dhiijinayaan si miigganaan iyo tummaati leh. Isaga oo da' ah oo boqol-jir ku sii siqaya, ayuu dagaal carcarihiisa qaba oo cusub dib u gelayaa, iyada oo dabbaal-deggii iyo rayn rayntii gobannimadu aanay duugoobin oo raadkii sii qoyan yahay. Weerarka ugu ba'an waxa uu ku qaadayaa dawladihii magaca sibilka ama rayadka la siin jirey ee sagaalkii sannadood ee hore talada waddanka u kala dambeeyey. Waa dawladihii ay madaxda u ahaayeen Aadan Cabdalle Cismaan, Cabdirisaaq Xaaji Xuseen, Maxamed Xaaji Ibraahim Cigaal iyo Cabdirashiid Cali Sharma'arke.

Nimankaas madaxda ahaa waxa ay ballaysimeen oo kala dhaxleen dawlado itaal daran oo ku dhaqma qabyaalad iyo musuqmaasuq, dulmi iyo dhac, iyo xafiiltan siyaasadeed oo hoose. Taako iyo taab ayay hore u hidin waayeen. Qabyadii isticmaarku ka tegey ayay ku dul weehdeen. Hoosna waxaa looga sii dhacay heerkii gumaysigu waddanka kaga tegey ilaa laga gaadhey in ilaaliyihiisii uu toogasho ku dilo madaxweyne Cabdirashiid Cali Sharma'arke Oktoobar 15-keedii 1969 magaalada Laascaanood.

Xaaladdaas murugsan ee uur-ku-taallada leh waxa ka dhashay afgembigii ciidamada Oktoobar 21-keedii 1969. Si taxaddir leh ayuu Xaaji Aadan Af-qallooc u soo dhoweeyey dhalashada Kacaankii luggooyo ee Maxamed Siyaad Barre uu hormuudka ka ahaa. Isaga oo ah 98-jir ayuu gudin iyo hangool qaatay. Af iyo addinba waxa uu kaga qayb qaatay mashaariicdii "Iskaa wax u qabso" ee dalka lagu horumarinayey sannadihii hore ee seefta kacaanku afka lahayd. Gabayo guubaabo, hogatus iyo digniin ah ayuu tiriyey Xaaji Aadan dhawrkii sannadood ee ugu horreeyey kacaankaas. Waxase aynu ku hor mari doonnaa gabayada Xaaji Aadan Af-qallooc ee ku beegnaa xilliyadii dawladihii rayadka ahaa.

CALANKII LA TAAG

Markii calanka la saaray ee Soomaalidu ka xorowdey Ingiriiskii iyo Talyaanigii kala gumaysan jirey waqooyi iyo koonfur sannadkii 1960-kii, waxa hal-abuur badani maanso ku cabbiray dareenkiisii gobannimada ku beegnaa, gaar ahaan waxa maansoyahan badani tiriyeen tixo ay ku sifaynayaan qiimaha calankaas la helay leeyahay, midabkiisa iyo waxa uu u taagan yahay. Xaaji Aadan Axmed Xasan (Af-qallooc) oo ka mid ahaa hal-abuurkii nafta iyo maalkiisaba u hibeeyey in Soomaalidu gobannimo gaadho, ayaa waxa uu isla 1960-kiiba isaga oo jeelka ka soo baxay tirinayaa gabaygan kooban ee soo socda oo ka hadlaya calankaas la saaray iyo haybaddiisa. Waxa uu yidhi:

Alxamdulilla calankii la taag aaminka ahaaye
Afariyo tobnaad sidiisii arlada nuurki ku ekeeye
Waa aayad naxariis ah oo Eebbe soo rogaye
Waa laydh udgoonoo ka timid oogadaa sare'e

Waa ilo biyo lahoo ninkii oomay ka cabbaaye
Waa ubaxa iyo geedahoo aad u soo baxaye
Waa miduu Ilaah raajiyaan abid nusqaamayne

Ammaantiisa kuma koobi karo afiyo liisaane
Cirkuu u egyahoo aan lahayn iniq daruureede
Xiddig olosha baa lagu dhigoo aad u kaah badane
Asraq weeye midabkiisu oo lagu asteeyaaye

Afriiqiyada Bari buu u yahay shamis arooryaade
Sida qamarka oogada jiruu ugu iftiimaaye
Argaggaxana cadowgaa ka baqa eeg hadduu yidhiye
Ummaddii la googooyey buu ururinaayaaye
Ilaah mahaddi waa taa khalqigu na ictiraafeene.

MARWO

Gabaygan isha ku soo maqan oo la magac baxay Marwo waxa uu ka mid yahay gabayada uu Xaaji Aadan Af-qallooc sida cad ugu soo bandhigay muruggii iyo maroorkii dawladihii rayadka ahaa ee caanka ku noqday musuqa iyo qabyaaladda. Haweeney xumaatay ayuu gabyaagu kala masaal dhigayaa tilmaan ahaan nimankii hawlaha iyo habka dawladda xumeeyey.Waxa gabaygu leeyahay *"dawlad xumaatay waa haweeney xumaatay. Haweeneyda xumaataa waxa ay baabi'isaa guriga iyo ubadkeeda, dawladda xumaataana waxa ay burburisaa waddanka iyo dadkeeda"*. Dabcan rag iyo dumar qofkii xumaadaaba waxa uu xumeeyaa wixii uu mas'uulka ka ahaa! Dhawr iyo konton sannadood ku dhowaad ka hor ayaa gabaygan la tiriyey (1962), waxaanad mooddaa in maanta (2008) la allifey marka la eego nuxurka iyo ujeeddadiisa ee la barbardhigo waxa maanta waddanka ka socda iyo sida ay u dhabaqsan yihiin hawlaha maamulka dawladnimo.Wuxuu yidhi:

Haddaad naag marwo ahayd dalaaqdeeda maqashiiso
Oo ay doqoni moodkay lahayd mulugto reerkeeda
Maangaabi waa caadadeed madaxay taagtaaye
Macna kuma tartee guriga way mala xumaysaaye
Dadka oo ka maadaysan bay libinsi mooddaaye
Milgana kuguma deeqdee dushay maar ku leedahaye
Miyirkeeda kama fiirsatoo way is moog tahaye
Muraadkaad ka doontaaba waa mooyi suu yahaye
Masaabiir indhaha kaga rid baad marar tidhaahdaaye

Rag badanoo intaa kaga la mid ah marantidaan[1] sheegay
Oo uu gumaystuhu makinay[2] maalintuu tegayey
Iyo inan aan meel gaadhin oo weli murqaamaaya
Mas'uuliin kolkii laga dhigaye meherad loo dhiibey
Mukhlisku waa yar yahay iyo xilqaad waajibkii maraye
Mabda'ii Nasaarada ma dayn muhashadiisiiye
Malcuunkaynu erinaa ahaa macallinkoodiiye
Halkii Karal ka miisaayey bay midhadh siyaadsheene

Mas bay nagu noqdeen iyo abees mici ku dhiigle ahe
Mindidii walaaxawli[3] bay nagu maqiiqeene[4]
Muraad uma leh dawlad iyo shicib labada meeloode
Iyagaa mu'aamaradda wada mawdka lays dilo'e
Maqsadkiyo[5] iyo ujeeddaduna waa maalay ururshaane
Maabkii qayire oo aswaaqdii la mari waaye
Jid la maro masaajidiyo dariiq meella lama dayne
Mir habeennimay iibiyeen faras magaaliiye

Dhibta mudunku waa wada qabaye meeshan wax u gaara
Masiibaba gadaal bay dhacdee maaha tii hore'e
Murdad[6] tayga laalaadiyoo moohay[7] baa yimide
Sida adhi miroodoo dhurwaa madhiyey oo laayey
Raggii hore mullaax buu gurtaye waa muleensadaye[8]
Ma mastuurannine wuxu la galay madaxa ceebtiiye
Sida ceel manuuntii[9] ishiyo maaxdii laga laastay
Oo rubadku[10] aad ugu milmuu galay madowgiiye
Mabda'iiba waa shilin haddaan muran la doonayne
Macno xumida dhidarkay axmaqa magac wadaagaane
Halka uu maggeynada dhiguu meleggii yaallaaye
Mas ismood malowgii cunaa mulaca ciideede
Wixii uu macaansanahayiyo malafsigii eedye

Jamhuuriyadda meeshii kastaba la isku maandhaafye
Muqdishaaba laga dayriyoo noo malko ahayde
Muslin lama rumaysnee afkaa laga maqlaayaaye
Muxtaajkiyo ninkii baahan baa mooda shay jira'e
Inkastuu madluun yahay faqiir uma miciinaane
Murtidiyo aqoontiyo cilmigu malaha miisaane
Hadduu sida muwaashiga[11] ciyuu muudal[12] yahay soocan
Nin adduunyo maantaa hayaa Mawlihii noqoye
Xaqii wuxuu midiidin[13] u noqdoo aanu ka maarmaynin
Ninkii mulugga[14] xoolaha hayiyo kii martabad[15] weyne
Wax caddaaladdii magan u tahay Raasamaaliga'e[16]
Maatadiyo kii tag darraa maaha Soomaale

Mugdi baynu soconnaa habeen meelaan nuur jirine
Sidii Binu Israa'iil mutaan marar sallownaaye[17]

Isku murugney[18] aakhirana waa madhax xunoo yaalle
Maxaan idinku maaweeliyaa miridhay[19] laabtiiye.

....

1. *Maranti:*   1. *gabadh tilmaaman oo loo bogey 2.*
                      hasha geela ugu sidata
2. *Mankinay:*   *(Af-carabi) awood siiyey, quwad u yeelay,*
                      taladii gacanta u geliyey
3. *Mindidii walaaxawli:*   *mindi dheer*
4. *Maqiiq:*   *orod si indho la'aana loo galo, tuuryo, maguujin*
5. *Maqsad:*   *(Af-carabi) ujeeddo*
6. *Murdad:*   *Diin-laawe*
7. *Moohay:*   *mamay, haliilaya*
8. *Muleensaday:*   *xaabsaday, xaabay, murdiyey,*
                   madhiyey
9. *Manuun:*   *ubax yar, dhalaal yar oo meel ka*
               bidhaamaya
10. *Rubadka:*   *dhooqo, ligis, dhoobada madow ee ceelka*
                ku hadha marka biyaha laga goosto ama
                ay ka gudhaanba
11. *Muwaashi:*   *ma-yeedhaan, xoolo*
12. *Muudal:*   *aan jihaysnayn*
13. *Midiidin:*   *dhoobiga xoolaha reeraha u raaca ee*
                 mushqaayadda ama ajuurada ka qaata
14. *Mulug:*   *hanti*
15. *Martabad:*   *heer nololeed, derejo*
16. *Raasamaali:*   *hanti goosi, hantiile, dabaqadda*
                   taajiriinta
17. *Sallow:*   *uga eg, kala mid ah*
18. *Murugo:*   *tiiraanyo*
19. *Miridhay:*   *daxalaysatey*

....

FACAAN AHAY

Markii xornimada la helay wax yar ka dib, dareen shidan ayaa gilgilay maankii fiirada iyo feejignaanta dheeraa ee Xaaji Aadan Af-qallooc. Waxa uu arkay dadkii gobannimada u soo halgamey ee halista badan iyo dhibaatada soo maray oo dibadda jooga, darafyadana ay haystaan dayacnaan iyo darxumooyin badani, iyo dadkii isticmaarka la shaqayn jirey ee la safnaa oo xukunkii iyo maamulkii dawladnimo ee cusbaa ku naalloonaya oo ay iyaga taladu ka go'do. Kaaga sii darane, waxa uu la yaabayaa sida foosha xun ee ay nimankaasi wax u gacan togaalaynayaan ee ay xukunka u kharribayaan, qarannimadii curdinka ahaydna uga gabbood falayaan. Xaajigu waa afhayeenkii inta dulman. Gabaygan waxa uu tiriyey 1962, waxaanu yidhi:

Fatooradaha[1] nimankaa watow waad fasaqanteene
Fudayd laguma helin dawladdaad faro xumayseene
Feedhanay[2] wareegaan raggii faydankii[3] galaye
Idinkoon finiin[4] tuurin baa fooqyadii koraye

Aar fidho[5] leh meel laga kacshuu farow cayaaraaye
Amba waxaan filkay kaga akhiray waajibkaan falaye
Fulihiyo danaystaha markuu faajirku u yeedhay
Oo aan warmaha fiiqday baa faatin lay qoraye

Facaan[6] ahay dagaal baan ka galay fooslankii[7] hora'e
Feejignaan ninkii lagu tuhmaye loo faqaan[8] ahaye
Farriimaha ninkii laga diriyo faylashaan[9] ahaye
Ninkii inuu fallaadh iyo sun sido loo filaan ahaye
Ninkii jeelka feedhuu ku cunay fiiqmay baan ahaye

Anigu kii fashiliyaan ahaa foodhidii Karale[10]
Ninkaan faallo guri iyo ciyaal fiirin baan ahaye
Ninkii kala furfuray baan ahaa fooskii[11] gaalada'e
Ninkii hadalka feedhaha[12] ka daran faafiyaan ahaye
Ninkii shicibka foodkaw dhigaye fayliyaan ahaye

Fadhi iyo hurdaba waan ka tegey faano-orodkiiye

Furaashkiyo sariirtaan niciyo caanihii Farowe[13]
Wixii ila fogaadaba dantaa iga la fiicnayde
Sida fiinta waxaan qaylin jirey labada fiid-cawle[14]
Faa'iido ii gooniyiyo faan ma tirinayne
Faca iga dambeeyaan lahaa faaris[15] ayay noqone
Dartoodaan facaan ahay jihaad faylankiis galye

Goortuu falaaggii[16] dhashaye Faranjigii[17] dhoofay
Fahmadaan malaysanahayiyo ficilkii beenowye
Nin kastoo fadhiistaa kursiga nagu fillaan waaye
Gobannimo halkii lagu furay foorortaa weliye
Fin baa laabta iga soo baxoo feedhahaw dhacaye

Kuwa fuudka[18] laaciyo intuu faajir[19] talinaayo
Oo camalku kii Fiishar[20] yahay faracna dheeraaday
Oo aanan filahayn inuu furuqu baan yeesho
Jeeruu fadliga Eebbahay ferej[21] inoo keeno
Oo shicibka reer hebel fasaqay foodhibahalleeyo[22]
Oo ay fariiddo u kacaan fidhadan ceebawdey
Faallada wixii dhacay inaan fidiyo waa caare
Waxba yaan ku foofine[23] arrini hay fadhido caawa.

....

1. Fatoorad: gaadhi yar
2. Feedh: dhinac, dhan, gees
3. Faydan: gayllan, halgan
4. Finiin: quruurux la gano; la tuuro ama wax yar
                      oo la riddeeyo
5. Fidho: saxar iyo huguf
6. Fac: jiil ama da'
7. Fooslan: safka hore ee dagaalka
8. Faq: hoos u wada hadal si aammusnaani ku
                      jirto, xanshashaq
                      sireed
9. Faylasha: waraaqo la isku ribdhay oo xogta lagu
                      kaydiyo

10. *Karel:*   *magaca mid ka mid ah maamulayaashii gumaysiga Ingiriiska*

11. *Foos:*   *koox, gubni, dad ujeeddo wada leh*

12. *Feedhaha:*   *waxaa halkan looga jeedaa qaaxada ama TB-da*

13. *Farow:*   *magac loo bixiyo geela iyo dumarkaba, halkan waa hal magaceed*

14. *Labada fiid-cawl:*   *labada cir-guduudood; hiirta subaxdii iyo gabbal dhaca*

15. *Faaris:*   *wax aan macno lahayn oo liita*

16. *Falaag:*   *(Af-ingiriisi) waana calan macnuhu*

17. *Faranji:*   *ninkii caddaa ee gumaystaha ahaa, gaal*

18. *Fuud:*   *maraq, halkanse waa sarbeeb looga gol leeyahay "khamri"*

19. *Faajir:*   *faasiq*

20. *Fiishar:*   *waa magaca nin ka mid ah maamulkii gumaystaha Ingiriiska*

21. *Ferej:*   *khayr, wax isbeddel ah oo ka roon xaaladda markaas lagu sugan yahay*

22. *Foodhibahallayn:*   *hadalka oo kor loo qaado, sida bahalku u ciyo*

23. *Foof:*   *daaq tag*

....

MAHADHO

Gabaygani waxa uu ka hadlayaa sedkii ay Boqortooyadii Amxaaradu ka heshay qaybsigii Qaaradda Afrika ee shirkii Berlin 1884, markii Yurub u qori tuuranaysey qabsashada Afrika. Dhulal soomaalidu leedahay ayaa Boqor Menelik la siiyey. Xaaji Aadan Af-qallooc waxa uu si mug weyn leh halkan ugu weeleeyey dheeg taariikheed ka xog warramaya fool xumooyinkii Amxaaradu kula dhaqmi jirtey dadkii Soomaalida ahaa ee maamulkeeda ku hoos jirey. Dil aan kala sooc lahayn, dhac iyo boob, bah-dil iyo addoonsi aan meella ka dhicin ayaa gabaygani soo bandhigayaa inuu ka joogtaysnaa dhulka Soomaalida Galbeed. **Mahadho** curashadiisu waxa ay ku beegnayd dhawr iyo lixdankii.

Qarnigii siddeed iyo tobnaad sanac[1] xumaantiisa
Siddeetan iyo dhawr sano waqtiga saaka laga joogo
Oo uu Saan-caddihi Qarab[2] arliga sabab la'aan boobay
Oo idinka idin siiyay qaar aradka Soomaali
Socdaalkuu Jermaaniya ku tegey saaxirkii Menelik
Afriiqiya sidii loo dhacaad sabab ahaydeenee
Madow oo dhan waxaad siisateen sooryo maalin ahe
Sirtaa naga gasheen baa ahayd sun iyo waabay eh
Sina uma qadderin midabka iyo soohdintiyo jaar eh

Gumeystaha dadkaan ula sinnayn soo degoo yimide
Wax saayid ah addoonsiga Madow kugu sameeyaaye
Xaqana lagama seexdoo nin lihi waa sid-tiriyaaye

Samir iyo illow ma leh sidaad noola dhaqanteene
Waa mahadho saanqaadka kora lala sugayaaye
Dhiig saafiyaa lagu qoriyo saan-biciid adage
Duq kastaaba sabiguu dhaluu saa ogow odhane
Gartayadu xuduud kuma sinna iyo soohdin iyo jaar eh
Waa saamigaad qaadateen samankii Baarliine

Isticmaarku waa kala sifee kiinnu waa suruqe[3]
Sahyuuniga[4] iyo Suud Afriikiyo[5] saaqidka Ismiidh[6] ah
Saddexdoo is-raacdaan faleen waxaad samayseene

Seeddiyo abti iyo walaal sowjad iyo hooyo
Kala soocde qoys keli ah oo seedda wada yaalle
Suldaan amar leh sheekh saahid ah iyo sayn caddaa oday ah
Soddonku nin u buuxo iyo haween sida carruurtooda
Sidqa habar ah inan seeratay iyo kuwii sagaal jooga
Ayagoon saxarna dhimin baad dhammaan sibiq u layseene
Sarraaf[7] yidhi Amxaar jamac dhan oo wada sujuudaaya
Saqiirkiyo umulahaad disheen ma laha soo qaade

Kun baa subax disheen aamin ah oo seexdey oo kacaye
Saddex boqol ka badan culimadii suuqa Herer tiille
Iyaga oo salaad jamac galaad seef ku mariseene
Saqda laylka dhaxe waxaad gasheen soolkii Dhagax-buure[8]
Samadiyo dhulkaba ciidankii riday sawaariikhda
Kama sayrin ruux keliyah oo joogay subaxaase

Sujaacdii Awaariyo Afdam ee sida xun loo laayay
Saxariiraydii naagahaan weli sasaynaaye
Saqiir iyo kabiir reer Aashaca oo nabad ku soo hoyday
Sardhaday galeen baad qumbulad sun ah ku tuurteene
Surimada Jigjiga Leegadii sida xun loo laayay
Surkaad wada jarteen wiilashii timaha soohnaaye
Saqajaanka beeshiyo guryaha socod xumaantiina
Nin sidaa ku dhaqanteen ogaa waa siqsiqiyaaye
Suldad Xabashiyeed nimay heshaa waa sac kuu taliye
San-ku-neefle aad shaabahdaan baan dunida saarnayne
Saximaayo axad sheeg is yidhi sidaad sameyseene.

....

1. Sanac: *farsamo*
2. Saancaddihii Qarab: *ferenji, ninka cad ee reer Galbeed*
3. Suruq: *dabin, xadhig*
4. Sahyuuni: *siyaasadda yuhuuddu ku*
    dhaqanto
5. Suud Afriika: *Taliskii midab takoorka ee Koonfur*
    afrika

6. *Ismiid:*   *Jan Smith, ninkii madaxda u ahaa*
               caddaankii tirade yaraa ee boobay talada
               Koonfurta Rhodesia oo maanta ah Zimbabwe

7. *Sarraaf:*   *(Af-amxaari) weerar ama guluf*

8. *Dhagax-buur, Awaare, Afdam iyo Aashaca:*   *meelo katirsan dhulka Soomaalida ee Itoobiya ku hoos jira oo gabaygu tilmaamayo in xasuuqyo ka dhaceen*

....

TABAALAHA WAKHTIGA

Gabaygani waxa uu ka mid yahay gabayada ugu miisaanka iyo saameynta badan suugaanta Xaaji Aadan Af-qallooc. Gabaygu waxa uu soo baxay sannadkii 1966-kii.

Waa farriin gabaygu iyo qaylo-dhaan u socotey Cabdulqaadir Soobbe oo ahaa Wasiirkii Arrimaha Gudaha ee Dawladdii Cabdirisaaq Xaaji Xuseen ee xilligaas.

Xaaji Aadan waxa uu la yaabay sida foosha xun ee maamulkaasi ugu takri falayey awooddii iyo xukunkii ummadeed ee uu gacanta ku hayey. Waxa uu Xaajigu dareemay iyada oo wasaarad kastaa iyo xafiis kastaaba la mid noqday hog waraabeed dadka lagaga nuugayo dhiigga iyo dheecaanka. Nimankii maamulka hayey waxa ay u kala horreeyeen sida maansadu soo bandhigayso dhaca iyo boobka wixii ay ummadda u hayeen, waxana la isku taageeray xaq-darro iyo dulmi aan xad iyo soohdin toonna lahayn. Mas'uul kastaa waxa uu xafiiskii uu joogey ka dhigtay sidii geel uu isagu leeyahay. Waxa lumay is-maqal iyo kala dambayntii oo dhan. Waxa tasoobey is-ixtiraankii iyo is-qadderin oo dhan. Maamulayaashii dawladdu waxa ay horseed ka noqdeen burburinta anshaxii wacnaa iyo faafinta akhlaaq xumo oo dhan. Arrimahaas iyo guul-darrooyinkii ka ratibmay, ayuu Xaaji Aadan Axmed Xasan kolba doc gabaygan kaga iftiiminayaa.

Waa digniin culus iyo hogatus miiggan oo dab ku shidaya oo gilgilaya dareenka iyo maanka dadka, weliba inteenna maanta nool, gaar ahaan qolyaha danta ummadda maamulaya ama hungurigu ka hayo in ay wax ka hawadiyaan. Dhawr iyo afartan sannadood ka dib yeedhmadii Xaajigu way nooshahay, waxanay tummaati ku tahay inta ku gabbod falaysa xilalka ay hayaan iyo inta murginaysa ee indho beelka ku abuuraysa nolosha iyo toolmooni socodkeeda. Waxa uu gabaygu weli xambaarsan yahay farriintii uu 1966 walwaalayey oo u socota qof kasta oo gacanta ku haya xil cidi u igmatay. Gabaygu waa wada murti, sarbeebo iyo hummaagyo farshaxameed oo sida muraayadda looga dhex halacsan karo nolosha iyo wacaalaheeda. Wuxu yidhi

Ta'da gabayga waataan ka tagay taniyo waa' dheere
Isticmaarku goortuu tagaan taydi gaabsaday'e
Caawana ma tiriyeene way igu tahbiibeene
Rag baa ararta tiigaaliyee[1] taana ma aqaane
Hadba taan wataa iyo dantaan uga tacjiilaaye[2]
Tu yaroo tilmaan iyo warba ah aan idin taabsiiyo

Dhibta timi jamhuuriyadda oo tahan[3] la boobaayo
Iskaa wax u tabciyo khaayinnimo laysku taageerye
Qawaaniin u taal iyo nidaam taxan ma yeelaane
Sida Reer Tafare[4] amar ma jiro laysku taaboco'e
Warqad jananku teeb kuugu qoray kaabul kugu tuurye
Waashmaan kolay tahay ninkii taabay meel dheregye
Taaj[5] madaxa awr loo geshaa waa tusmo habowe
Tuug daalliniyo caasi baad tamar u yeeshaane
Tembi[6] baad u dhiibteen nimaan tuna ka sheegayne
Toorrey af badan baw xidheen taarig[7] xoogsadaye

Kabotole maxkamad loo tirshoo tolan[8] madow jeexday
Hadduu buugga teel-teel[9] u dhigo taasi yaab ma lehe
Waxse tacaddi[10] ku ah inuu cid kale uga tabaystaaye
In kastaba is-tiiloo waxaad taag u hidin weydo
Ninkii kaaga togan uga tag baan tani awoodayne
Ninba tiginka[11] meeshuu dhidbaday taabka ku adkeeye
Kumana taysa galo aadanuhu taa u filateene
Nin kastaba wax laga tuugi jiray tuu yaqaannaaye
Tusmaa uunku kala leeyahay ee teenanaa simane
Waa tacab khasaar xajadaad gacan togleyseene[12]
Dadka kale ninkiisii waxtar ah waa taxgeliyaaye
Idinkuna caqliga taabidka[13] ah waa ku tumataane
Tartar baad ka dhaaftaan ninkii toos idiin wada'e
Taako iyo mayl kala fog baad mid u taqaaniine
Wax badan oo aqoon lagu tuhmuu tuuray shilinkiiye

Takartiisa ma arkoo arbuhu taa dayuu yidhiye
Nin waliba kursi aad taabtid buu taaggi leeyahaye
Tallaabada nin hore kaaga maray turunturraytiisu
Adna toogadaaday u tahay hadimo kuu taalle

Tartankiyo is-garab yaacu waa tu aan bannaanayne
Taakulo gacmaha lays qabtaa lagu tanaadaaye[14]
Haddaan laysku wada tiirsanayn toosi waa amare
Toogada[15] dhulkeenniyo dhibaha tacabka doonaaya
Ninna kuma tallamayee qasdigu waa tola'ayeeye

Adoo teys[16] la qiimo ah haddaad tuhunto ruuxaaga
Tusmadii laguu dhigay markaad taabi kari weydo
Ood tigintiglaysaad waxaad tahay ogaataaye
Halkaan faruhu kuu taabanayn tiigso hays odhane
Tamartii raggii hore anoo tahan saluugaaya
Dar tinmooda[17] baa noo kacaan tuna ku fiicnayne

Tacab ba'aye nimankii dambaan toodi kaafiyine
Tafa-gaab[18] xumaatiyo khamraa loo tartamayaaye
Wax kalay ku toosaan ma jiro tumasho mooyaane
Turxaanteenna gudahaa ka badan tii Amxaarada'e
Edeb laga teg diintiina waa taa la caaridaye
Tiitoo[19] kitaab uu qoraa teenna soo galaye
Tawxiidka niman baa na yidhi waa tu aan jirine
Tukashaduba qaar bay la tahay taanishiyo[20] luufe[21]
Ninbase wuxu tabcado jeer dambuu madhaxa tuugaaye

Tacluus[22] iyo abaar wada socdoo taagan baa yimiye
Tigaad[23] male dhulkii iyo nabaad togayadii hawde
Ma tagto'e daruurtii cirkaan tiix ka di'i hayne
Togaggii Jubbiyo beerihii lagu tabaalowye
Tuulooyinkii caydhihii waa kuwaa tubane
Calankeenna waxa taagey waa Togiyo Heemaale
Iyo adhiga dhoofyada tagiyo toonka Qaahira'e
Waa kaa huluumbuhu[24] la tegay togayadeenniiye[25]
Tarabtarab u laa goolashii tegi lahaa dhoofe

Tuweyskii la eed iyo hablaha tababarkoodiiye
Marka ay nimcadu taam tahoo tahan laguu siiyo
Oo lagaga tago toobadday taasi dhalataaye
Taariikh horeetiyo wakhtigu waaba kala tooye
Toogaysi[26] weeyoo ma jiro taamay noqotaaye

Markaad tidhi haddaad taabtay baad turunturrootaaye
Waa tabo nabsigu leeyihiyo tuu ahaan jiraye
Nin kastaaba sebenkaa ku tolay tu aanu doonayne
Wixii taqaddumkii[27] hore lahaa ta'akhur[28] weeyaane
Dar kaloo tallaabo cusub laa tegey halkoodiiye

Timirtii Basriyo waxays beddelay midhihii Toomoode
Tartankii dameerkii fardii tahan ka dheereeye
Tal-tallaabsey daayeer kolkii taygarkii lumaye
Halkii uu waraabuhu ka tegay tarandac[29] doofaare
Tukii haad-ka-adag[30] buu noqdoo tuur laftuu sidaye
Waxa uu orgigu tiigsadaa awr tabaadiyahe[31]
Rahii wuxuu tumaatida ku riday tuur-caddow dibiye
Gumburigi[32] tigaad cunay marooduu toos u toocsadaye
Tiir libaax curruu uga baxayoo taaha oo ciya'e
Waxa diig haldhaagii ugu tegay taaggii Xodayoode[33]
Goortuu galoolkii tifmuu[34] tawlay[35] cariggiiye[36]
Halkii Damalka laga tuugi jiray timi dhalooshiiye[37]

Iyana waa tabaalaha wakhtiga taynu aragnaaye
Tu kaloo ka daran baa jirtee taana balaan sheego!

Tallaabada mid gaalkii shabbaha tegay ma liibaane
Adigoo wuxuun tabanayoo tegey halkuu joogo
Kolkuu sida libaax raqi u taal qoorta kor u taago
Oo uu tayga luqintiisa sudhan taabto faraqiisa
Oo inaad addoonkiisa tahay taana la ahaatay
Oo aan dadkana taakulayn calanna taageerin
Oo inuu adduun badan tabcado taa qudhaw jeeda

Iyana waa tabaalaha wakhtiga taynu aragnaaye
Tu kaloo ka daran baa jirtee taana balaan sheego!

Haddaan saracu[38] taam[39] noqon ummadi ta'akhur weeyaane
Waxba kuuma taro raashinaad dibed ka tuugtaaye
Turaabka[40] iyo ciiddaba kuwii tamarta loo siiyey
Iyagoon wax tarin bay dadkii tahan luggooyeene
Ninkaan Qaadka tuurta ugu sidin uma tiraabaane

Iyana waa tabaalaha wakhtiga taynu aragnaaye
Tu kaloo ka daran baa jirtee taana balaan sheego!

Laba boqol nin maaliyaddii tahay tirada loo dhiibo
Oo toban baloodh[41] jeexday oo tumanayoo keefa[42]
Oo biilka gini tuurayoo tolaya nayloonka
Oon tacabka[43] baadiye lahayn tuludi[44] waa maadhe

Iyana waa tabaalaha wakhtiga taynu aragnaaye
Tu kaloo ka daran baa jirtee taana balaan sheego!

Danta togan[45] batroolkeenna waa laga tashiilaaye[46]
Toddoba mayl nin joogoo bukaan telelayoo[47] liita
Oo inuu digtoorka u tagiyo taakulo u baahan
In kastuu tawaawaco[48] ninkii khabarka soo tuuray
Misna temeshlihiyo[49] xaafaddaa lagu tegaayaaye

Iyana waa tabaalaha wakhtiga taynu aragnaaye
Tu kaloo ka daran baa jirtee taana balaan sheego!

Denbi laguma soo taagaba nimay tiisu kaafido'e
Tamartiisu nimay gaabatay tukhuntukheeyaane
Goortaad maxkamadaha tagtaad tacajabaysaaye[50]
Temminkeeda[51] xaajada ninkii taabi kari waaya
In kastuu xaq taabida[52] watiyo marag cadoo taagan
Ama uu xujada toosiyo oo looyarku[53] is-tiilo[54]
Gartu doodda kuuguma tamiye[55] taagtu waa lacage

Iyana waa tabaalaha wakhtiga taynu aragnaaye
Tu kaloo ka daran baa jirtee taana balaan sheego!

Tumbul[56] raasamaal liyo istaaf[57] way isugu taalle
Iyagaysku tiirsano nin kale uma tawaabaane[58]
Ninkaan tooda waafiqin xabsay ugu tabaystaane
Teello[59] uma dhigtaan dawladdiyo kii ka taag darane
Ta'khiirteenna[60] maaliyadda iyo tawsta[61] bixi waydey
Waa labada qolo ee la tegey waxaydin tawdeene

Iyana waa tabaalaha wakhtiga taynu aragnaaye
Tu kaloo ka daran baa jirtee taana balaan sheego!

Mid tacliinta loo soo diroo tadhaqa[62] oo liid ah
Oo tuhun[63] ku jiro inuu ka tegey toobaddiyo diinta
Oo Aqal milmaan li'iyo[64] khamriga gacan-toglaynaaya
Oo uu talmiidkii[65] yaraa taas ka baranaayo

Iyana waa tabaalaha wakhtiga taynu aragnaaye
Tu kaloo ka daran baa jirtee taana balaan sheego!

Jaamacad nin tegey oo Digrii tuu la yimi haysta
Oo inuu dalkii wax u tariyo tacabba doonaaya
Oo taana loo baahanyahay toogtan[66] sida joogta
Oo jaahil tigin adag dhidbaday taqaddumkaw diiday
Oo reerkii tegi waayey oo camal la'aan taagan

Iyana waa tabaalaha wakhtiga taynu aragnaaye
Tu kaloo ka daran baa jirtee taana balaan sheego!

Taangiga biyaha loo dhisee riigga lagu taagey
Oo shicibka oo oon la tuban toonta lagu beerto
Iyo waxaa tigaad nooga baxay toonka agihiisa
Tuna uma oggola madaxdu nimaan taab ku hayn shuqule
Tuugo iyo iib baa ninkii tegey ku daaqaaye

Iyana waa tabaalaha wakhtiga taynu aragnaaye
Tu kaloo ka daran baa jirtee taana balaan sheego!

Ninkii tahan adduun soo rogiyo kii ka tirinaayey
Oo toban kun oo shay habeen tuhun la'aan saaray
Oo laysu tebiyaan cashuur buuggii lagu taaban
Oo aan dhaqaalaha taxgelin waajibkana tuuray

Iyana waa tabaalaha wakhtiga taynu aragnaaye
Tu kaloo ka daran baa jirtee taana balaan sheego!

Taaloogga naagaha jartee timaha qaar gooyey

Oo sida waraabaha tartama toonka cararaaya
Oo taranta Soomaaliyeed teedka kala gooyey
Oo aan dhaqaalena u tudhin ubadna tuugaynin
Oo toban-jirkii kori lahaa fadhay tagooggiisa

Iyana waa tabaalaha wakhtiga taynu aragnaaye
Tu kaloo ka daran baa jirtee taana balaan sheego!

Kuwa talada maamulahayee taabna hidin waayey
Oo aan mujtamacii tusayn tii uu ku hagaago
Oo tooda keliyuun watoo tarandacoo seexday
Oo waxa Islaamnimadu tahay taababka u gooyey

Iyana waa tabaalaha wakhtiga taynu aragnaaye
Tu kaloo ka daran baa jirtee taana balaan sheego!

Haddaad adigu tuur leedihiyo tootir[67] iyo qaallo[68]
Mid kaleeto inaad toosisaa waa tu aan dhicine
Waxa khaayinnada looga tegey tacabadii boobay
Ninba qoon[69] ku taal buu ka baqay inay ka taabtaane
Haddaan tiriyo waxa aynu nahay waan tawahayaaye
Taariikhda weli sooma marin teennan oo kale'e
Tiihii[70] Israa'iil[71] helay tani sallowdaaye[72]
Anoon boogta wada taaban oo idin tusaaleeyey
Oo aan tanbiih[73] iyo islaax taana uga jeedo
Waa taaran boosta ugu riday Soobbe[74] haw tago'e!

....

1. Tiigaalo: ku talax tag, ku dheeraansho, ku fogaan
2. Tacjiilid: ka raacid, uga leexasho
3. Tahan: masaafo, meel durugsan, ka horrayn, ka
  jiidasho, wakhti dheer iwm.
4. Tafare: Tafare Makonen oo ah Xayle Salaasihii Ethiopia
5. Taaj: la boqray, la caleemo saaray ama xil loo
  magacaabay
6. Tembi: xil

7. *Taarig:* ma tukade, qofka salaadda googooya ama ka
tag taga ee joogtayn

8. *Tolan:* xadhig lagu tolo kabaha maaska ah

9. *Teel teel:* kala fog fog, filiqsan, aan urursanayn, aan ku
badnayn

10. *Tacaddi:* dhibid, culays saarid, cadaadin

11. *Tigin:* boos, jago iwm

12. *Gacan toglayn:*   laba gacmoodin boob iyo tuugo
salka ku haya

13. *Taabid:* wax sugan oo la taqaan

14. *Tanaad:* guul, libin, ku guulaysasho, ku gudbid

15. *Toogo:* baahi, dan ama tabaalo

16. *Teys:* (Af-carabi) orgi

17. *Tinmood:* jilicsan, liita

18. *Tafa-gaab:* haweeney dhar gaaggaaban xidhata

19. *Tiitoo:* Marshall Tiito-gii Yugoslavia

20. *Taanish:* cayaayir, cayaar

21. *Luuf:* cayaar loo adeegsado dhagax lagu tuuro
god oo la is xambaaro

22.   Tacluus: xanuun iyo tabaalo wada socda,
seben xumaad

23. *Tigaad:* doog, naq

24. *Huluumbe:* cudur ku dhaca idaha oo tarab tarab u
layn kara

25. *Togayo:* xoolo, maal

26. *Toogaysi:* doorad, xilli marba meel ama cid u
heellan

27. *Taqaddum:* hor u socod, horumar

28. *Ta'akhur:* dib u socod, dib u dhac

29. *Tarandac:* kibir, isla weyni, dhereg iyo dibbiro iwm

30. *Haad-ka-adag:* shimbir hilib cuna sida galaydhka,
dafada iwm.

31. *Tabaadi:* koray, naaxay, shilis ama buuxa jidh
ahaan

32. *Gunburi:* nooc ugaadha duurka ku nool ka mid ah,
lana bah ah dameeraha iyo fardaha

33. *Xodayo:* dhul daaqsimeed hawdka sare ee
Gashaammo ka mid ah

34. Tifmay: rifmay, mudhxay, lismay, yaraaday
35. Tawl: baxay, mudh bax, marka geedku kor u baxo
36. Carig: cayada, nabaad yar oo jilicsan
37. Dhalool: waa geed jilicsan oo nugul, manfac badanna
aan lahayn
38. Sarac: beeraha
39. Taam: dhammaystiran
40. Turaab: carro ama ciid
41. Baloodh: (Af-ingiriisi) bugcad, jago, qayb qaydan
oo dhul ah
42. Keef; is tareexsan, raaxaysanaya, maqsuud ah
43. Tacab: dhaqasho
44. Tulud: neef geel ah
45. Togan: baahida i taabo leh ee taagan, wax-ku-ool
46. Tashiil: suququlin, yamxeerin, yarayn
47. Telel: taah
48. Tawaawac: cataw, calaacal
49. Temeshle: dalxiis, socod minjo baxsi ah
50. Tacajab: la-yaab
51. Temmin: xaqiiq, halka xogtu taallo
52. Xaq taabid ah: xaqiiqo cad, xujo waadix ah
53. Looyar: gar-yaqaan, qareen
54. Is-tiil: is-xilqaan
55. Tamiye: kuma heshid
56. Tumbul: koox
57. Istaaf: shaqaale, ilaaliye
58. Uma tawaabaan: uma jixinjixaan, uma naxaan
59. Teello: u tudhid, wax u reebis, u hanbayn
60. Ta'khiir: dib u dhigid
61. Taws: baahi, wadeeco, daryeel la'aan, dayac
62. Tadhaq: qof liita, nedel ah oo qaab xun oo jilicsan, sida
neef woodhaq ah oo kale
63. Tuhun: shaki
64. Aqal tilmaam leh: guri xunmaan lagu sameeyo oo
sheeggan oo la isla yaqaan
65. Talmiid: arday, ciyaala iskuul
66. Toogtan: xilligan, hadda, eegga, wakhtigan xaadirka ah

67. *Tootir:*   *gaatir, marka ay adkaato dayac ama xanuun ahaan meel jidhka ka mid ah*

68. *Qaallo:*   *golxo, qallooc*

69. *Qoon:*   *nabar buka, boog, iin*

70. *Tiih:*   *iska daba wareeg, jahawareer, khalkhal madax iyo minjo la'aan ah*

71. *Israa'iil:*   *Reer Binu Israa'iil*

72. *Sallowdaa:*   *shabbahdaa, u eg tahay*

73. *Tanbiih:*   *digtooni, iska jir, ka joogid, nasteexo*

74. *Soobbe:*   *waa Cabdilqaadir Soobbe oo xilligaas ahaa Wasiirkii Arrimaha Gudaha*

....

WAX NA DILEY

Cudurro Soomaalida diloodey ayuu sida magacaba ka muuqata gabaygani ka faalloonayaa. Waxa ka mid ah xaqa oo la aaso iyo caddaalad darro ka soo fufta xafiisyada dawladda, qabyaaladda iyo aanadeeda foosha xun, musuqa iyo kala boobka hantida ummadda, akhlaaq xumo iyo anshax liita oo ay horseed ka yihiin madaxdii waddanka hagaysey, qarannimo magaceeda lagu ugaadhsado, ajnebi taladii ummadda lagula eerto iwm. Muuqalladaas fool-xumada leh iyo caabuqyo la xidhiidha oo maantaba ku dhex gaammurey Soomaalida dhexdeeda ayuu Xaajigu gabayganna ku sii beyaaminayaa. Xilliga curashadiisu waxa ay ku beegnayd 1967, waxaanu yidhi:

Afkaa laga maqlaa maaddadiyo erayga qaanuune
Faqii guriga lagu soo abyey ka akhriyaan koodhe
Aqoon-laawe laaluush cuniyo aafo daba-gaaba
Iyo oday ergo ah baa sharciga dila abiidkoode

Eexdiyo rishwadu waxay dhalaan uur-xumiyo ciile
Aanadu cadliga laga tegay aabbaheed tahaye
Aargoosigiisiyo dulmigu waa isu adeere

Marka xaqa la awdaa tolnimo loo abtiriyaaye
Haddii uu insaaf jiro qabiil lama ogaadeene
Kolkuu oday durbaanka u tumuu inan cayaaraaye
Wax ka dhigan mas'uul edeb xunoo lagu il-qaadaaye
Dadkuna kuma aqbalo qalad hadday kugu arkaayaane
Adna iinta inaad dhawrataad ku arrin weydaaye

Wax na diley xaqoon aasno iyo iib dacaawiya'e
Wax na diley dunuub aanad gelin aanadeed bixiye
Wax na diley anaanayida iyo abiyo laan sheege

Wax na diley albaabada dantaan uunka loo furine
Wax na diley halkaad ku igmanayd koonto ku abuure
Wax na diley is maqal li'ida aan lays addeecayne

Wax na diley u sheekee midkii hawl abyi lahaaye
Wax na diley ammuur waajib aad kaga baqdaa eede
Wax na diley iskuullada la baro inanka Qaad keene
Wax na diley akhlaaq xumo mas'uul aabbeheed yahaye

Waxna diley islaam la xaqiriyo gaal isu ekayne
Wax na diley faqiir eed nin kale lagu ijbaaraaye
Wax na diley rag amarkii sinmaan iniq is dheerayne

Wax na diley acyaan aan xilkii fulin awoodeyne
Wax na diley ajnebi talayada lagula eertaaye
Wax na diley adeege u ahaw kaad amri lahayde

Wax na diley adduun niman raboon eegahayn sharafe
Wax na diley ummadahaan qadderin aadmigaan nahaye
Wax na diley ismiga calanka oo lagu ugaadhaaye
Wax na diley af beenoon runtii waana la arkayne

Wax na diley aqoontaada ood eed ku mudataaye
Wax na diley islaax caam dan qudha lagu illaawaaye
Wax na diley ninkii ma aha yidhi uub in loo qodo'e
Wax na diley idaaradaha aan shaqo awoodayne

Wax na diley iflaas aan baxayn abid xayaadkiiye
Wax na diley adduunkoo u dhaco kii la aaminaye
Wax na diley ninba intii uu hayuu daar ku iibsadaye

Wax na diley iska hor-jeedintay shicibku eedeene
Wax na diley asbaab temeshle Qarab madaxdu aadaane
Wax na diley icaanada Baraan la intifaacayne
Wax na diley uluuf cagafa oo ay' cidla' ah yaalle

Wax na diley dantoo lagu akhiro yuu cadhoon oday'e
Wax na diley ibleyskiyo abriska aan cidina eegayne
Wax na diley qalloocaan wataa adiga waa kiise

Wax na diley inkaar tacasubay nagu abuureene
Wax na diley inaga Reer fulaan laynaga adkaaye

Wax na diley idaacado kaddiba iyo dhaarta iibka ahe

Wax na diley afkiyo dhaqanka oo la akhiraayaaye
Wax na diley Islaamnimada aan la ixtiraamayne
Wax na diley amwaashiga bukaan loo ixsaan faline
Wax na diley abkood bahalahoo cunay adduunkiiye
Wax na diley mujtamacaan aqoon nolosha insaane

wax na diley addoon daallinoo lagu ismaa Awe
Wax na diley Iblays fooxle yidhi awliyaan tahaye
Wax na diley islaan saar qabtay dumarku aadaane
Wax na diley ibtilo Qaad ahoo rogey akhlaaqdiiye
Wax na diley agyuururid shaxdaad ku indho beeshaaye

Aadmigu dhammaantii horay u ambaqaadeene
Aradkiiba laga guuryey oo samaday aadeene
Miyaynaan la mid ahayn maxaa ina alhuumeeyey!

QOOLAABAN

Gabaygan 1967 ayuu Xaaji Aadan Af-qallooc tiriyey. Sidii xumayd ee loo maamulayey qarannimadii iyo gobannimadii Soomaalidu heshay toddoba sannadood ka hor marka gabaygani curanayo, ayuu Xaajigu si qotodheer uga hadlaaya. Si dareenka hurda toosinaysa ayuu gabaygiisa ugu bilaabayaa arar ama gogol-dhig aad is moodsiinayso marka hore inuu naftiisa si shakhsi ah ugaga faalloonayo, ha yeeshee uu ka soo tuujinayo waayihii dalku ku sugnaa sannadihii ugu horreeyey ee gobannimada ka dambeeyey.

Gabayga ibofurkiisa ayaa kugu sooraya weedho qadhqadhaya oo wada murugo iyo tiiraanyo miidhan ah. Waa hummaagga nin da'ah oo gabow la gubux yidhi, hurdo la'aan iyo ledi waana la laba boglaynaya. Oomaati oo dhan ayuu ka go'ay. Qalo iyo hilow ayuu cidla'ciirsila'ula ugaadhoobayaa. Ilmo uurkiisa ka soo go'aysa ayaa ka gobo'laynaysaa oo qoysay labadiisa dhaban. Foolasha ayuu qamuunyada labadiisa dibnood ku qoomayaa. Hammi iyo walbahaar ayaa feedhihiisa eel ku reebaya. Qosol iyo farxaannimo oo dhan ayuu ka irdhoobayaa. Tiiraanyo iyo qulub ayuu ku qanac ahaanayaa, ragannimo abkeed iyo waajib gudashana isla waayayaa oo iska illaawayaa.

Ragannimo maxay tahay? Waa inta xil gudashada iyo hawdinta hawlaha reerkaaga ama qoyska iyo ubadkaaga ka soo hadha ee aad u qumiso ama geliso danta wadareed ee guud. Xaaji Aadan Axmed Af-qallooc kama hadlayo naftiisa ee waa dantaas guud iyo baylahdeeda sababta uu joog iyo jiifba u diiddan yahay ee uu arwaaxdiisa u qarinayaa, una qodanayaa qabriga isaga oo nool. Waa quudhsi ku hawaarsadey qarankii iyo gobannimadii toddobada sannadood ee keliya la haystey. *"Waxa ku dhillaysanaya oo kharribey"* ayuu gocanayaa oo leeyahay *"niman aan dhaaddanayn halasihii iyo hanfigii loo soo jiidhay helitaanka xorriyadda"*. Biyo dhaca gabaygiisan **Qoolaaban** ayuu mar kale Xaajigu ku sii iftiiminayaa in dadkii gobannimada naf iyo maalba u soo huray ee garanayey qiimaheedu ay gidaarrada fadhiyaan oo ubadka uun iska korsadaan. *"Qabyaalad la isugu faano, dil iyo qaxar ayaa inoo kordhay, mana jiro qof xil ummadeed lagu hallayn karaa oo ammaano leh"* ayuu Af-qallooc leeyahay, waxaanu gabaygan ku soo gunaanadayaa quus hoosta ka xarriqaysa in haddii isbeddel dhakhso ahi aanu dhicin oo aanay soo bixin hoggaamiyayaal u darban danta ma dhaafaan ee qarannimo ay noqonayso in qof waliba is nolol duugo oo kafanta iyo xabaashiisa diyaarsado! Arrintaasu weli ma qallalin oo maanta (2008) ayay 41 sannadood ka dib dalabkeeda la soo mutuxan tahay si ka arag liidata 1967! **Qoolaaban** wuxu yidhi:

Qoolaabankaan soo gotiyo dhabarka qaansoobey
Jidhkaygaa qawaawiray[1] sidii laan qorraxi hayso
Qadhqadhyada i haysiyo wadnaa laydhu qabanayso
Quwad iga dhammaatiyo anoo qalin ka dhuubnaaday
Naftaydoo qayirantoo hurdada jiifka qaban waydey
Qun u socod tallaabada cagtaan qaadi kari waayey

Quudkaanan cunin soorta oo ila qadhaadhaatey
Qaladiyo hilawgaan cidlada gooni qabanaayo
Dhulka aan qodaayiyo dhibtaan qaadi kari waayey

Xirribaha ilmada soo qubee dhabannadii qooyey
Qabuunyaysigaan labada fool debinta qaar gooyey
Qaaxadiyo feedhaha hammiga qoonta iga yeelay
Qosolkaan illaawiyo afkaan qaawinta u diidey

Wixii nin u qalmiyo waajibkaan qaban awood waayey
Qulubka iyo tiiraanyadaan qaanac ku ahaaday
Qabrigaan samaysteen is idhi qari arwaaxaaga
Intaasiba qalbiga dhaawacmay cudur ka qaadeene

Waxa qoomammada iigu wacan waa qormo habowe
Qarankiyo xornimadii la helay waa la quudhsadaye
Wax ku qooqay niman aan ogeyn qaabka loo helaye
Qudhooda iyo maalkaba raggii qiiradaw bixiyey
Waa kaa gidaarrada ku quban qalin jabkoodiiye
Qabna[2] dooni meyn iyo inay lacag ka qaataane
Gobannimo qadderis waydey oo lagu qadhaabaysto
Qiyaas xumada lagu maamulay murugo qaadeene

Qabiil iyo dil baynoo kordhiyo qoys anaa badane
Qorrax noolba boqollaal dhintay qayladood timiye
Qudh kaliyoon xil lagu aaminoo qiimo laan jirine
Haddii aanu Allaa qaaddiree qiil inoo bixinin
Oo aanu Qaliifyo u sakharin qaata amarkeenna
Nin walbaw xabaashaada qodo nololi waa quuse.

....

1. Qawaawir: qarax, dhadhid
2. Qabno: maal. xoolo ama hanti

....

INA CIGAAL

Markii ay dhacday dawladdii uu ra'iisal wasaaraha ka ahaa Cabdirisaaq X. Xuseen Juun 1967, waxa jagadaas ra'iisal wasaarennimo buuxiyey Maxamed X. Ibraahim Cigaal. Gabaygan soo socdaa waxaa uu ka ambabaxayaa khudbaddii ugu horraysay ee Ina Cigaal jeediyo markii uu xukunka la wareegey. Guud ahaan gabaygu waxa uu ifinayaa dhalliilihii iyo ceebihii lagu eedaynayey dawladdaas hore, waxaanu uga digayaa dawladda cusubi in ay ku dhacdo khaladaadkii hore. *"Eedda iyo dhalliisha dawladdii Ina Xaaji Xuseen waa u digniin culus dawladda Ina Cigaal"* ayuu Xaaji Aadan Af-qallooc lahaa.

Toddaba sannadood oo xornimo la haystey iyo saddex dawladood oo tan Ina Cigaal ee cusub ka horreeyey in aan irbad dhuub la gelin, waxna la qaban oo dib uun loo sii dhacayey, ayuu Xaaji Aadan Af-qallooc ku baraarujinayey dadkii maalintaas gabaygiisan dhegaysanayey. Muxuu gabyaagu ku dhalliilayey maalintaas madaxdii waddanka, ugana digayey? Waxa lagu eedaynayey mas'uuliyiintii waagaas aqoon la collow iyo jahli u busayl, xaq nacayb iyo caddaalad darro, xatooyo iyo dhac hantida la wada leeyahay ee qaran, shahaadooyin been abuur ah, ribo, eex qabyaaladeed iyo musuqmaasuq waalli ah. Xafiisyadii dawladda ayaa sida gabaygu tilmaamayo isu beddelay goobo la isugu ab iyo laan sheegto. Madaxtooyadii ayaa iyana isu beddeshey xarun lagu beero oo ay ka soo fuf baxaan anaaniyad, isla weyni iyo qabyaalad indho li'i.

Akhlaaqdii iyo anshaxii dadka ayuu cudur halis ah oo dilaa ahi guud ahaan ku yuururursaday. Xaaji Aadan Axmed Af-qallooc waxa uu gabayga inoogu tilmaamay arrin ku saabsan qiyamtaas dadka oo sii burburaysa, taas oo maanta afartan sannadood ka dib bulshadeenna oollimaad xooggan ku leh, kuna dhex milantay nolosha oo dhan. Waxa uu Xaajiga lahaa: *"iimaanku haddii uu laabta iyo qalbiga jiifi jirey maanta indhaha iyo wejiga guudkiisa ayuu saaran yahay. Dhegihii samaanta u furnaan jirey ee xumaanta necbaa, waxa ay maanta u furan yihiin oo si nugul u maqlaan xumaanta iyo inta liidata, samaanta iyo intii la dugsan jireyna way ka awdan yihiin".*

Gabagabada gabayga waxa uu duurxul ahaan ugu sheegayaa Ina Cigaal Alle ha u naxariisto labadoodaba'e in aan mashxarad iyo qaylo maanta loo baahnayn ee looga fadhiyo in laga daba tago intii baylahday, sida in la isu soo celiyo dadka kala ugaadhoobey ee isla weynida, kibirka iyo eexda xafiisyadu kala irdheeyeen. Waxaad mooddaa in Xaajigu aanu kalsooni badan ku qabin isbeddelka dhacay iyo khudbaddii Maxamed Xaaji Ibraahim Cigaal labadaba. Marka uu Ina Cigaal uga digo intii aynu soo xusnay ee dhalliil iyo xumaan ahayd ee dawladdii hore, ayuu Xaaji Aadan gabaygiisa kaga baxayaa oo leeyahay *"in haddii Ina Cigaal ka dhabeeyo inta uu afka ka yidhi ee wanaagsan in sida aayadaha Qur'aanka ku cad aannu annaguna (haddaannu shicibka nahay) addeeci doonno, una dhega nuglaan doonno, haddii kale dawladdaadu (Ina Cigaalow) waxba ma dhaami doonto tii kaa horreysey ee cawaraha lahayd (indhaha kala jeeda lahayd)".* Wuxu yidhi:

Lixdankii israaciyo markii dawlad la asaasay
Iyo maanta oo tii afraad idinka loo dhiibey
Tabaaniya acwaam iyo siniin idan leh weeyaane
Irbad lama dun gelin oo dib baa u ambaqaaddeene
Ayaan noolba waxaan loo fadhiyin baannu aragnaaye
Raggii hore arrimo dhawr ah oo lagaga eed sheegtay
Idinkana digniintiin ah baan odhanayaa qaare

Aqoon la la colloobiyo jahliga amarka loo dhiibey
Idaaradaha[1] waxa ay qabtaan waana la ogaannin
Ilaashihiyo tuuggoo shurkoo gura adduunkeenna
Araajida[2] la qorayaan jawaabtoodu imanaynin
Ajuuradaan[3] la siin kuuligii[4] daynka ku amaahday

Sharcigoo la iibinahayoo xaqa la awdaayo
Intikhaab[5] dacaawiga ahoo daallinku adkaado
Dembi oogta ka caddaan ciqaab lagaga aargoosan
Acyaan[6] aan xilkas ahayn wuxuu urursho mooyaane
Ballan aan la oofinoo ninkii yidhiba eedoobey
Aanadiyo xeerkoo dadkii lagu adkaynaayo

Anafada[7] ninkii shaqo hayaa ab iyo laan sheegto
Ninba meesha lagu aaminuu koonto[8] ku abuurto
Ixtiraam la'aan iyo dadkoo aan is addeecaynin
Iskuullada caqiidada inkira sharci Islaameedka

Ihmaal[9] aan la dhuganeyn dhulkii waxa alaab jiifta
Alwaax dibedda laga keenay oo teenna la illaawey
Oonkiyo harraadkoo dhulkii kaga asqaysiiyey
Icaanada[10] Sharqigu[11] keenayaan la intifaacaynin
Aluuf[12] cagaf ah oo lagaga tegey meelay ku abaaddo[13]
Jawaasiis[14] Amreekoo dalkii lagu ibaaxeeyey[15]
Kuwa aradka qaar haysta ooy Roomi ku illowdey
Anaaniyada[16] iyo reerka oo Aqalka weyn[17] jooga
Ammuuraha shacbigu diidayuu ka ashkatoonaayo
Intaas bawgu yare xaalku wuu sii af-dheer yahaye

Waxa uur-ku-taallada wadaa waa insaaf li'iye
Waa waxa dadweynaha shakigu ugu abuurmaaye
Nin waliba hawadii eersayoo lays aqbali waaye

Akhlaaqdii xumaatoo xishood laga awaareeye[18]
Iimaanku laabtuu jiraye aragahaw guurye
Kun jeerood ixsaan fari ma jiro axad maqlaayaaye
Waxay dheguhu aad ugu furmaan ereyga ceebeede

Ammaanaa yaraatoo dadkii ways ogaal dhacaye
Nin waliba halkii lagu ogaa gurey intii tiille
Ashahaado beeniyo ribey ku istareexeene
Acmaal[19] lama rabee hadal-tiray ku ibtiloobeene

Ilaah lagama baqo shilinka oo la arko mooyaane
Axad gaabsha lama caawiniyo kii itaal darane
Nin adduun hayaa kii kaluu alamsanaayaaye[20]
Waa lays inkirayaa[21] sidii Maalintii Urure[22]

Islaam sheegte diintiina way ago maraayaane
Wax badanoo astaan muumin laa uur-ka-kaafirahe
Israa'iilka tiihii helaynu ashbahaynaaye

Dhulku waa og yahay khaayinkii ciidda iibsadaye
Dadkuna wuu arkaa daallinkoo wuu ka aargudane
Ajashiyo[23] ayaantiyo wakhtigu aaminaad ma lehe
Ifku waa dhixide meel kalaa la askumaayaaye[24]
Ninkii aan arxamin wuxuu galaa olokii naareede

Aradkiyo dadkuba waa dhismaha waxay u aayaane
Ninna ololog[25] iyo qaylo yuu nagu asqaysiine[26]
Goortaad islaaxdaan dadkaa kala ugaadhoobey
Oo ay anaaniyo baxdoo eexasho hallawdo
Oo uu Cigaal wuxuu akhriyey aad u socodsiiyo
Annagana addeeciyo samciga[27] waajibka Ilaaha
Iyo aayaddii waxay tidhaannu aqbalaynaaye
Haddii kale ammaana Alla ka xumid Tii isha la'ayde![28]

....

Tabaaniya axwaal iyo siniin: siddeed sannadood iyo wacaashood,
waa siddeeddii sannadood ee ugu horreeyey gobanimada, intii ka
horraysey dawladdaas Maxamed Ibraahim Cigaal Ra'iisal
wasaarennimada ku soo baxay

1. *Idaarad:* *guddi, maamul*
2. *Araaji:* *codsi warqadeed*
3. *Ajuuro:* *mushqaayad, mushahaaro*
4. *Kuuli:* *shaqaalaha dhismaha*
5. *Dacaawi:* *muran, dood*
6. *Acyaan:* *aragti cad oo badheedh ah*
7. *Anafo:* *1. isla weynaan, qab, faan, 2. colaad, guul darro*
8. *Koonto:* *xuurto, marka xafiis*
9. *Ihmaal:* *dhugasho la'aan, eegmo la'aan*
10. *Icaanada:* *caawimada, kaalmada*
11. *Sharqiga:* *Bariga, Waddamadii Shuuciga ahaa, Gaashaanbuurtii Warsaw*
12. *Aluuf:* *kumannaan*
13. *Abaad:* *gabow, raagitaan, baali-garow*
14. *Jawaasiis:* *basaasiin, rufyaanno*

15. *Ibaaxeeyey:*   *loo oggolaaday, lagu fasaxay, lagu sii*
                         daayey, lagu yaaciyey

16. *Anaaniyada iyo reerka: is ahaanta keliyeed, is mahadinta*
                         qofnimo iyo qabyaaladda

17. *Aqalka weyn:*   *waxaa looga jeedaa Qasrida*
                         Madaxtooyada

18. *Awaarayn:*   *ka tegis, ka xawaarayn, ka fogaan, ka*
                         haajirid

19. *Acmaal:*   *wax qabad, shaqo*

20. *Alamsi;*   *liqliqid, cunitaan boob ah*

21. *Inkiraad:*   *diidmo, dafiraad*

22. *Maalintii Urur: Maalinta Yoomal Qiyaamaha*

23. *Ajal:*   *naf, arwaax*

24. *Askuman:*   *deggid, ku noolaan*

25. *Ololog:*   *mashxarad, sawaxan ama qaylo*

26. *Asqaysiin:*   *jahawareerin*

27. *Samci:*   *maqal*

28. *Tii isha la'ayd:* *waa maamulkii Cabdirisaaq X. Xuseen*
                         ra'iisal wasaaraha ka ahaa, waxana
                         dawladdaas loo yaqaanney "Cawaro"!

WAA CEEB AXMAQU LEEYAHAY

Axmaqa ama caaqu waa qof aan tudhaale iyo jixinjix toonna lahayn, waxaanu leeyahay dabci qallafsan oo aan waxba xeerin, soohdinna aan lahayn. Tilmaamo ka mid ah ceebaha axmaqa ayuu tixdan Xaaji Aadan ku soo bandhigayaa. Gabaygu waa hogetus guud iyo hawaale warran, waxaanu Xaajigu adeegsanayaa ekeeyayaal badan oo muujinaya dhaqanka iyo dabeecadaha caaqa, sida gunburiga laboodkiisa oo laaya dhashiisa labka ah marka ay ifka yimaaddaan, taasoo keenta in hooyadu (gunburiga dheddig) marka fooshu qabato ay la firdhato oo la fogaato, si ay ugu dhasho meel ka durugsan halka uu gunburiga lab ee weyni joogo. Wax la yidhi waxa uu gunburiga labi u laayaa labkiisa dhashaa waa hinaase uu qabo darteed!

Gabaygu waxa uu curtay sannadkii 1967, waana duur-xul ku jihaysan dhaqankii xumaa ee madaxdii Soomaalida ee talada iyo masiirka ummadda sida axmaqnimada ah ugu gabbood falayey. Waxa uu yidhi

Sheekooyin caaniyo qisada caarif laga yeelay
Iyo wakhtiyo caam ahaa sebenkii caws weyne
Dameer ceesh sidaa la ambadoo eey cawaansadaye
Carro bahallo liyo waxay mareen meel cidhiidhiyahe
Cabaadkii dhurwaagiyo wixii daalin caranaayey
Colkii habar-dugaag oo dhan buu eygii caabbiyeye
Wuxu ciyoba goortuu qadshuu ciil la gaamuraye
Cidluu kaga dhaqaaquu kolkaas cunay waraabiiye
Haddii uu ceshado wuxuu ahaa ciidan kaafiya'e
Caaquna waqiis keli cunkuu ku cimri waayaaye
Waa ceeb axmaqu leeyahoon looga caal heline

Caadada gunburi leeyihiyo curuf xumaantiisa
Carruurtiisa tiisii lab buu cadawgu laayaaye
Cabsuu uga qabaa habarta maray cudud u yeeshaane
Ta dheddigina way camal taqaan caynka uu yahaye
Sidkeedoo cashooyin u hadhay bay ka carartaaye
Ilaa uu iska caabbiyo uma tagtoo waa cilmi Ilaahe

Cad naxaa kas-gaab kuma jiroo caabudaad ma lehe
Waa ceeb axmaqu leeyahoon looga caal heline

Careef badda qallacay oo biyaha ka cab awood waayey
Oo ciidda luguhuu la galay caawiye u baahday
Ciidamis rahii ugu yimuu cunay mansuukhiiye
Kolkaad nacas caqiibo u gashuu kula colloobaaye
Waa ceeb axmaqu leeyahoon looga caal heline

Cagaa wuxuu ku xaadhiyo walwaal digadu waw cuude
Carfigiyo udgoonkaa diluu cadho la suuxaaye
Caqli xumada doqonkay dabciga curuf wadaagaane
Wixii caafimaadiyo dawada waa ka cararaaye
Waa ceeb axmaqu leeyahoon looga caal heline

Haddaad cariso jinac ways cunaa cadho daraaddeede
Caarada u dheer iyo lugaha waysku celiyaaye
Naftiisuu cidhiidhyuu is yidhi waad ku ciil bixiye
Waa ceeb axmaqu leeyahoon looga caal heline

Gorayadu col toogtiyo hadday cadow ka yaabayso
Cidi yay ku arag bay indhaha ciidda gelisaaye
Cidi inay ogayn bay la tahay caalamkoo idile
Waa ceeb axmaqu leeyahoon looga caal heline

Coongaar haween ahi hadday reerka ku cayaarto
Oo aanay casiiskeeda qaba cayda kala waaban
Ama ay ciddiyo dheer tahoo derisku soo cawdo
Oo aanay carruurta u arxamin caga yartay hayso
Cashada la eryo reeraha xigay calal u maydhaaye
Ciskii iyo libtii waxawgu xiga soo caddee dheriye
Waa ceeb axmaqu leeyahoon looga caal helin

CEERIGAABO

Waa gabay taariikhi ah oo halis ah, kana xog warramaya guud ahaan Gobolka Sanaag sooyaalkiisa taariikheed, xeebihiisa, hawadiisa, buurihiisa, bannaanadiisa, dooxooyinkiisa, togaggiisa, dhirtiisa, macdantiisa, dhagxaantiisa, xoolihiisa, shimbirihiisa, ugaadhiisa dab-joog iyo duur-joogba iyo inta kale ee Ilaahay uu makhluuq ku abuuray iyo khayraadka dabiiciga ah gobolkaas dhex ceegaaga.

Maxamed Xaaji Ibraahim Cigaal ayaa booqasho ku tegey Ceerigaabo xilligii uu ra'iisal wasaaraha ka ahaa Soomaaliya sannadkii 1968. Xaaji Aadan Axmed Xasan oo ka mid ahaa dadkii ra'iisal wasaaraha wax ka soo dhowaynayey, ayaa gabaygan munaasibaddaas hal-abuurkiisa ku beegay, waxaanu ku hogatusayey qiimaha taariikheed, ahmiyadda istaraatiijiyadeed iyo ta hodannimo ee gobolkaas iyo sida loo hagranayo ama aan loogu daymo lahayn in gacan laga gaysto horumarintiisa, gaar ahaan caasimaddiisa Ceerigaabo iyo dayactirka dhulka taariikhiga ah ee gobolka ku yaal. Dhinac gabaygu waa ka cabasho ku saabsan dibudhaca gobolka ka jira iyo sidii wax looga qaban lahaa, dhanka kalena waa soo bandhig aqooneed oo la xidhiidhaya gobolka Sanaag iyo waxyaalaha u gaarka ah ee taariikh iyo qaniimad ah. Runtiina waa gabay wax badan kaa baraya gobolka Sanaag iyo taariikhdiisa, cimiladiisa, deegaantiisa, carradiisa iyo quruxdiisa. Wuxu yidhi:

Taariikhdu waynoo musbaax[1] maanka caawima'e
Adoo male gudaayaad yaqiin marar ku gaadhaaye
Makaankaaga waa inaad taqaan meelba waxa yaalle
Dalkan wax ugu mudan Ceerigaab uguna muuq dheere
Waa Maakhir-koostii la degey maraan la koobayne
Jamhuuriyaddu meel shaabbahdiyo ma leh mataalkeede

Madxafkii[2] dadkii hore dhigiyo madhaxi baa yaalle
Maanlahiyo[3] taallooyinkaad aqallo moodayso
Meelihii kinsiga[4] lagu qarshey maangaddood[5] tahaye
Muuqooda qaar baa Ahraam[6] lagu maleeyaaye

Arraweelo[7] meeshay degtiyo mulugga Geel-weyte[8]
Iyo waxa manaasiir[9] ku jira moodkii la halleeyey

Madigaan[10] qusuurtay[11] dhisteen waa macruuf weliye
Maquure iyo Godqoranaa[12] ninkii marayba yaabaaye
Maageere waataa Daryale[13] maagga[14] la arkaaye
Nimankii mar dhexe talin jireye maylinka afaystay
Magaadle iyo Reer Miisanley[15] midhadh ka joogaane
Maydh laba kun oo sano ka badan maray samaysnayde
Iyadaa magaalo u ahayd Maakhir oo idile

Muftaaxii karaamada kuwii midigta loo saaray
Muftigii Isxaaq baa degiyo mudankii Daaroode
Maqbarka Ciise[16] Ceeleeye[17] waa kaa masaarka lehe
Sheekh Samirre[18] marinkii Dibgax[19] buu meel ku leeyahaye
Madoobiyo Garuurraa[20] lahaa madaxa Ceel-dheere[21]
Jiidali[22] maqaamkii Subeer[23] baa u moosinahe

Dhammaan meeshanay degi jireen magaca Soomaale
Waxna waa madheen qaarna waa kii muhaajiraye
In yaroo markii soo hadhay baa haatan maamula'e

Waa meel malko ah oo biyiyo buur madowba lehe
Marmar weeye dhagaxeedu iyo muunad gooniya'e
Miya dooxa[24] bay leedahay oo midho ka beermaane

Mandartiyo[25] kamaalkaad[26] Lubnaan ugu malaysaaye
Manaakh[27] iyo hawaba waxay ka tahay Mawsilta[28] Ciraaqe
Kolkaad madaxa Surudeed[29] tagtiyo meesha ugu taagan
Badda waxa maraayoo dhan baa kuu muraayadahe
Seyid Maxamed meeshuu dhisaan maabku doorsamine
Madfaca laga ridaa wuxu socdaa kuman masaafoode
Milaterigu meeluu degoo muhima weeyaane

Muntaasha Marso iyo Daalo[30] waa lagu murqaamaaye
Mayay baa ka da'a gooray tahay milayga jiilaale[31]
Daruurtoo mijaha soo rogtiyo wadayda mayl gaadha
Sida mawjaddiyo doonyahay marar is-jiidhaane

Dhirtaa qaarba midab leeyihiyo man iyo awraaqe[32]
Mawareed[33] in lagu daadiyaad udugga mooddaaye
Min aroos sidaad soo gashiyo mawlidkii Nebiga
Miski baa ka ura kaymihiyo malafka geedaha'e

Shimbiraha mukhtalifka u ciya ee midiba hees qaaddo
Oo midabka kala gooniyoo cadad malyuun gaadha
Mawdiyo[34] siyaaxaad[35] ardiyo macallin mooddaaye,
Qoolley ku madadaalisiyo muurradaa[36] badane
Goortuu gobyahan[37] waa murdiye gooni miranaayo
Oo uu gumburi[38] sawd macaan meel fog kala yeedho
Oo marisku[39] kuu soo warramo meesha waxa jooga
Ood raha madiixiisa[40] iyo maqasho daa'uuska
Oo gorod[41] miyuusigga tumuu galow[42] ku maaweesho
Adigiyo naftaadaa murmaan doonin meel kale'e.

Intay mudunka kale dheer tahaye Maalig ku abuuray
Oo wada manaafiic dawo ah baa markhaatiya'e
Dayib[43] mudhay mataanaha dhosoqa[44] marinta guudkooda
Maqaariga[45] abeesada diliyo wegerka moohaaya
Maraaraale dhamaskiyo shinnuur[46] midabka yaaquud leh
Manka ubax dibowgay[47] shinnidu miidda ka abuurto
Maddaahda[48] iyo guubalida[49] iyo mooligiyo[50] xiiska[51]
Minyeelahiyo geed-gaalka[52] iyo shayga[53] midhihiisa
Moxorkoo[54] luubaan laga gurtiyo mayddigiyo[55] fooxa

Dhirta milixda wada yeelatee maalku ku hagaago
Muddo haddii la dhigo soorta aan midabku doorsoomin
Intaas oo manfac ah baa jirta oo waa la moog yahaye
Madaar iyo marsiyo laydh maliyo Baan macaamilo'e

Miishaarta qorigaa halkii meel la dhigay taalla
Waxay muhandisyadu soo direen riiggay madhiyaane
Waa miilo[56] cagafay ilkuhu maqan yihiin qaare
Haddaad maanta noo timidse waa mahad Ilaahaye
Maansha Allee wax u dhammee way madowdahaye!

....

1. *Musbaax:*   *iftiin, nal*
2. *Madxaf:*   *meelaha dhigaalka iyo kaydka*
                      taariikhda "Museum"
3. *Maanlo:*   *qubuuro taariikhi ah, dhaxgaan urursan*
                      ama tuulan
4. *Kinsi:*   *qaniimad*
5. *Maangad:*   *1. la-yaab, ashqaraar 2. cadceed, qorrax,*
                      milic, golcas, bacad, dhibcir
6. *Ahraam:*   *taallooyin taariikheedka Faraaciinta ee*
                      Masar
7. *Arraweelo:*   *Shakhsiyadda haweeney ku jirta sheeko*
                      xariirta Soomaalida oo ragga dhufaani
                      jirtey
8. *Geel-weyte:*   *waa gacan ku yaalla xeebta Maakhir*
                      meel u dhaxaysa Waqdariya iyo Laas-
                      qoray
9. *Manaasiir:*   *macdan*
10. *Madigaan:*   *qabiilo magaceed*
11. *Qusuur:*   *qasriyo*
12. *Maquurre iyo Godqorane:*   *meelo magacyadood*
13. *Daryale:*   *waa meel durdur ah oo u dhow Gudma*
                      Biyacas oo galbeedka ka soo xigta Xiis,
                      Durdurkan waxa laga helaa biyo kulul,
                      biyo qabow, biyo macaan iyo biyo
                      qadhaadh. Biyo kastaa waxa ay leeyihiin
                      midab iyo cufnaan u gaar ah
14. *Maag:*   *1. weegaar, mug weyn oo wareegsan, moos*
                      (macnahan ayay gabaygga ugu jirtaa 2.
                      daandaansi)

15. *Magaadle iyo Reer Miinsanley: magacyada qabaa'il dega*
                      Ceerigaabo
16. *Maqbarka Ciise: Qabriga ama Xawaalka Ciise*

17. *Ceeleeye:*   *waa tog durdur ah oo ku yaal*
                      Maydh iyo Ruqey dhexdooda

18. Sheekh Samirre:	*Sheekh Samaroon oo ay ku abtirsadaan qabiilka Gadabuursi*
19. Dibgax:	*waxa ay waqooyi bari kaga qumman tahay Maydh*
20. Madoobiyo Garuurre:	*waa magacyo aan la gaadhin asalkooda*
21. Madaxa Ceel- dheere:	*meelmagaceed*
22. Jiidali:	*waa dooxo ku taalla bariga Ceerigaabo*
23. Maqaamkii Subeer:	*Xawaalka Subeer Awa loo ku yaalla afka sare ee dooxada Jiidali*
24. Miya doox ah:	*Boqol dooxooyin, waxana ka mid ah: Dayaar, Masagan, Qaarrey, Dalyo, Beer- weeso, Kulaal, Cadduuroh, Dooxada Jiidali, Maro-wade iyo Ceel-lammaan*
25. Mandar:	*muuqaalka quruxda badan ee deegaanta roobban*
26. Kamaal:	*dhammaystirnaan, kaammilnaan*
27. Manaakh:	*cimilo, hawada*
28. Mawsil:	*waa magaalada Mousil oo ku taalla Ciraaq*
29. Surud:	*buurta ugu dheer buuraha dalka, kana mid ah buuraha Ceerigaabo*
30. Marso iyo Daalo:	*magaca laba buurood oo Sanaag ah*
31. Milayga jiilaal:	*jiilaal dhahartey, jiilaal hawaarsadey, jiilaal xun*
32. Awraaq:	*geedaha ka baxa dhirta hoosteeda xilliga barwaaqada*
33. Mawareed:	*waa nooc udugga ka mid ah*
34. Mawga:	*waa dhawaaq iyo hugun*
35. Siyaaxaad:	*codad isku dhafan oo kala jaad jaad ah*
36. Muurro:	*nooc ka mid ah shimbiraha qoolleyda, gaar ahaan nooca qoorta ka suntan*
37. Gobyahan:	*waa shimbir qurux badan oo dhoor leh, hud-hud, lana bah ah daa'uuska*
38. Gumburi:	*shimbir af dhuuban oo cas leh oo foodhi gaalleeya*

39. *Maris:*   *Shimbir-malab, waa shimbirta raadisa malabka*
              ee sheegta halka uu ku jiro

40. *Madiix:*   *reen, dhawaaq, ololka geela oo kale*

41. *Gorod:*   *shimbir magacii ayuu halkan ugu jiraa*

42. *Galow:*   *shimbir gooni socod ah oo ci'diisu yeedhmo*
              wacan tahay, Fiintana la bah ah

43. *Dayib:*   *geedka laga soo jaro looxa ama qoriga dhiska*
              guryaha loo adeegsado

44. *Mataano dhosoqa:*   *waa dhirta xadhig xadhigta loo*
                              yaqaan

45. *Maqaari:*   *waa geed laga goosto ulo dhuudhuuban*
              oo bahalka hoose sida maska la iskaga
              xijaabo. Bahalka hoose ma soo ag maro
              usha geedkaas oo wuu ka baydadaa ama
              cararaa halka uu ka uriyo geedkaas iyo
              ushiisaba, waayo waxa geedku yeeshaa
              ur bahalka hoose suuxisa

46. *Shinnuur:*   *geed buurta Daalo ka baxa*

47. *Dibow:*   *waa geed dharkaynka u eg oo geelu jecel*
              yahay inuu daaqo

48. *Maddaah:*   *waa geed biyood laga gurto balka*
              carshaanta la saaro, waana geed ku caan
              ah durdurrada buuraleyda Gobolka
              Sanaag

49. *Guubali:*   *waa geed dhuux leh oo aan qodaxna*
              lahayn, lagana goosto tiir-dhexaadyada
              dhismayaasha

50. *Mooliga:*   *geed leh sal weyn oo Lebiga u eg, lagana*
              qoro mooyaha, xeedhyaha iwm

51. *Xiiska:*   *waa geed gobyarta ama cillaanka oo kale*
              ah, dumarkuna caleentiisa sida cillaanka
              u adeegsadaan oo maydkana loogu
              maydho

52. *Geed gaal:*   *Geed magacii*

53. *Shayga:*   *waa geed midhood ka baxa Gobolka*
              Sanaag, midhiisana laga samayn karo
              Fiimtooga iwm.

54. *Moxor:*   *waa geed ka mid ah dhirta beeyada oo fooxa laga gurto*

55. *Mayddi:*   *waa geedka dheddigga ah ee beeyada ugu qaalisan*

56. *Miilo:*   *darka ceelka iyo u kaltankiisa xilliga cabbitaanka iyo waraabka xoolaha iyo mar dhaanka*

....

DIRIRKA CAWLEED

Tixdan kooban waxa uu Xaajigu allifey sannadkii 1968. Waa sarbeeb iyo duurxul ku saabsan gedgeddoonka waayaha iyo in aan ladnaanta iyo xumaanta midkoodna lagu waarin oo adduun yahay "hadhkaa labadiisa gelin", loona baahan yahay taas in lagu xisaabtamo. Cimilada iyo deegaantu sida ay isu bedbeddelaan ee dhulkuna u kala duwan yahay ayuu barbar dhigayaa waayaha iyo wacaalaha aadmiga ee iyana kala geddisnaanta iyo doordoorsanku astaanta u tahay. Gabaygu waxa uu tilmaamayaa in marka ninka liitaa talada gacanta ku dhigo uu ninka rag ahi ku riiqmayo. waxaanu yidhi:

Hadduu dirirka cawleed da'oo dunida maansheeyo
Deegaanta Guban lagama cuno doogga soo baxa'e
Dulin iyo kul buu leeyahaan loogu daadegine
Markase daalalladu soo dhacdee diilalyadu joogto
Dooxooyinkaa laga tagaa dhaxan daraaddeede

Debec iyo ninkii ida leh bay dani ku reebtaaye
Dabaylaha xagaagii dhiciyo dhaxanta dayrtii ah
Midba guriga gees baa dugsi ah labada daamoode
Dadkuna waa sidaas oo Ilaah daa'imaa mid ahe

Ninkastoo daruuraha u baxa dabinna waw yaalle
Dawlaab shaqeeyaa jiraan qolana deyneyne
Durdurku waa gudhaa laasna waa hara-dillaacaaye
Dagaag xoola yeesha jiroo hodanna deegaaye

Dameer waa ordaa farasna waa yara dekaamaaye
Haddii seeftu duug tahay mindidu waa ku digataaye
Kolka doqonku taliyaa nin raga daw-galkiis galaye.

TAAGGII ABAAROW

Xaajigu waxaa u ahaa nin dhawr jiil la soo noolaaday oo cimrigiisu raagey, waxana la odhan karaa meel kasta oo uu joogaba, waxa uu noqonayey ninka ugu da'da weyn dadka ay mar walba wada joogaan. Nin weyn oo waxgarad ah, waaya-aragna ah, waxa laga quuddarreeyaa waa waano, talo, hogatus iyo digniin ku saabsan nolosha iyo wacaalaheeda. Gabaygan la magaca baxay Taaggii Abaarow, waxa uu ku saabsan hogatuskaas iyo dhiilo gelin nafta loogu digayo. Curashada gabaygu waa sannadkii 1968, waana xilliyadii quusta iyo hungada qaawan dib looga liqay himilooyinkii iyo rajadii dadku ka naawilayeen gobannimadii la helay 1960, tabashooyinka iyo is-diiddooyinka siyaasadeed iyo kuwa dhaqaalena cirka isku sii shareerayeen.

Gabaygani haddaba waxa uu ka kooban yahay hummaagyo farshaxan ah iyo sarbeebo wada duur-xul ah oo si geedaysan u soo tebinaya xaaladihii dalku ku sugnaa ee foosha xumaa, gaar ahaan indho beelkii iyo aafooyinkii ku yuurursaday habsami u socodkii hawlihii maamulkii dawladnimo ee dalka. Waa taag abaaroobey, tiriig aan iftiin lahayn, telefoon iyo taar warkii qaban waayey, miinshaar af beeshay oo wax goyn waydey iyo tabaalooyin la mid sawirro maskaxeedyada wax la inagu tusayaa. Waxa uu yidhi:

Taaggii abaarow halkii tukhayda[1] weyneyde
Teelteel cad baa labada gees taaganoo hadhaye
Tukihii markuu duulay bay xuunshadii timiye
Afartii is-taageeri jirey kala-tag weeyaane
Maskii inuu godkiisi taguu taawadeed gabaye

Telefoonku qaban waa warkiyo taar ku soo dhaca'e
Tiriigyadu iftiin ma lahoo waa tuhun dhaqaaqiiye
Taangiga qasabaddii biyaha tuunbadaa xidhane
Isku tolantay ugaadhii midhaa loo tigmayn[2] jiraye
Tin ma goyso miinshaartu oo taagaggaa maqane
Turjumaannadii baa jilciyo tebiyahoodiiye

Tawef[3] noqotay saantii markay tuurtay negidiiye[4]
Ugaxdii waxay tari jirtiyo waydey tamartiiye
Tidicaa[5] debcoo waayirkaan tuna adkaynayne
Intaasoo tabaala ahina waa tegista soo dhoowe

Waa wada tanbiih[6] iyo digniin lagu tusaayaaye
Tan kalaad ujeeddaana waa meel turxaan badane
Tub dheeriyo dariiq halisa oo tacaba weeyaane
Tabantaabo iyo saad[7] ma laha iyo toliyo qaadhaane
Waa guri xisaab kugu tagtiyo godobi kuu taalle
Tawfiiq Ilaah leeyihiyo taladii mooyaane
Wallee taad naf yahay geysataad tuugi madhaxeede.

....

1. Tukhayda:	geedo, doog
2. Tigmayn:	loo miisi jirey, loo dhigi jirey
3. Tawef:	engegay, qallalay
4. Negidii:	degganaantii, xasilloonidii
5. Tidic:	sooh, marka laba shay la isku maro si ay awood u yeeshaan
6. Tanbiih:	xujo
7. Saad:	kayd

....

AAR GABOOBEY

Bishii Febraweri 1969-kii ayuu Xaaji Aadan Axmed Xasan (Af-qallooc) faallo daymooday gun iyo baar waayihii dalku ku sugnaa. Waxa meel walba daadsanaa oo ishu ku dhacaysey foolxumooyin ka dhashay doorashooyinkii hiirtaanyada badnaa ee 'Food khasaaray' la magaca baxay iyo fadqalallooyinkii ay samaynayeen axsaabtii siyaasadda ee doorashooyinkaas ku loollamaysey. Xaajigu doorashooyinkaas wuu qaaddacay oo kama uu qayb qaadan, cidna ma siin codkiisa. Umal iyo ciil ku gaaxday ayuu goof la gelayaa, isaga oo aan geeriyoonna dhimasho isu dhigayaa!

Waxa uu Xaaji Aadan Af-qallooc garasho daymoonayaa adduunyadii kale ee Soomaalida la midka ahayd ee lala gumaysanayey ee Afrika, Aasiya iyo Laatin-Ameerika oo dadkoodii guntiga marada lowga geeyey oo u tafa xaydan in ay hore u heetiyaan, qaarkoodna horumar la taaban karaba sameeyeen oo guclo orod ku jiraan, halka Soomaaliduna ay dib u sii guurayso oo dabada dib ugu siqays,o. Taas ayuu maan diidayaa oo laf dhuunta u taagan uga dhigmaysa. Waxa dareenkiisa damqaya oo maankiisa dhamac ku shidaya colaadaha iyo dirirta sida macno la'aanta ah uga dhisaalan Soomaalida dhexdeeda miyi iyo magaaloba, sida la isku wada biraynayo ee birta la iskaga wada aslayo, hiirtaanyada, godobta iyo aanooyinka uur-ku-taallada miidhan ah ee qabaliga ah ee Soomaalida dhex yaalla. Waxa Xaajigu jalleeco galaa bixinayaa oo isha ku mudayaa nimankii doorashada galay oo halkan meel madhan soo wada tuban oo is wada gaadaya iyo waxa ay godob iyo utin daaqsadeen ee hareero tuuran. Karis xun iyana wax ku la'!

Horaase loo yidhi 'Hadduu doobi buuxsamo inuu daato la arkee'! Xaaji Aadan waxa uu ka foolinayey waayahaas cakiran ee hurgumooyinka iyo warmaha dhiigaysan jiidanaya. Waxa uu oddorosay in gabbalkii u dhacay oo caleentoodu caddaatay xukuumadihii rayadka ahaa ee sagaalka sannadood mindada daabkeeda isu dhiib dhiibayey ee ummadda cidlada eeri go'anta ah ku ooday. Is beddel dhinac kasta ah oo dalka ka dhaca ayuu sadaaliyey. Dhawr bilood ka dibna waxa dhashay Kacaankii ciidamadu hoggaaminayeen ee Oktoobar 1969. Wuxu yidhi:

Sidii aar gabooboo ka jabay gaabatada lawga[1]
Oo gabannadii lagaga diley geedu hadhinaayey
Oo nimanka godobtiisa qaba gur u jalleecaaya
Oo aan itaal wuxu galiyo orod ku gaadhaynin
Oo kayn intuu cadho la galay gawnaxyada[2] buuray
Goortaan garwaaqsaday[3] dhibaha shicibka gaadhaaya
Asaan gabay[4] arrimo dhawr ahoo ila gudboonaadey
Waa waxaan xabaalaha u galay geeri ka horoowe

Cimrigii da' kula gaadhey waa guul darriyo ciile
Kuwii aniga iga gaabin jirey baa i gees maraye
Haddaanse amar Allaan laga gudbine gebi ahaan fiirsho
Garashiyo ku dayashaan dayaxa gees la leeyahaye
Isagoo geyiga nuurayuu guud maraa saxale
Ma gudhsado adduunyada ninkii godol ka maalaaye
Ninna keligii gaar uma ahee galabba waa meele
Waagii guduutaaba waa waayo gooniyahe
Hadba cirirku[5] meeshuu galaa saxal[6] u guuraaye

Geyiga Eeshiyada[7] khalqigaa gees walbaba jooga
Geddigeed Afriikiyo Latiin gobol Amriikaan[8] ah
Gun baynu u ahayn iyo addoon guud-caddaa Yurube
Gumeysiga dad badan baa mutiyo guul-darriyo hooge
Kolkay talo u soo guro-gashaye ferenjigii guurey
Niman baa guntadey qaarna way gebi dhacleeyeene

Ka gariiri Mow[9] dunida gebi gaaliyo islaame
Sabca[10] miya malyuun baa gurdama goorta uu kaco'e
Kuwii gadan jiruu Shiinihii haatan gaasiraye[11]
Aqal guradu[12] weyn tahay Jamaal[13] diid inuu galo'e
Gasar[14] lagu tilmaamiyo ma jiro daar u gooniya'e
Ma gam'o ee habeenkii taluu gawda ku hayaaye
Hadduu caawa go'o magacu waa midaan gaboobayne
Geddaasuu siciim leeyahoo libin ku gaadhaaye

Kuwii doorashada noo galaa gabay halkoodiiye
Khalqigi oo horuu guurayey dib u gucleeyeene
Googooye Soomaali oo gobolba meel aadye

Guryaha iyo ceelkaa dartood laysku gawracaye
Waa taa gamaaduhu[15] bateen goobtii lays dhigaye
Gildhigaanka[16] waxa loo sitaa goosankii[17] hadhaye
Caawana kursi aad gaadhid baa guure loo yahaye
Gurdan baan maqlaayaa sidii guuto weerarahe
Gawaadhidu tolla'ay bay siddaa guuxu baxayaaye

Kuwii guurey baa daaqad kale nooga soo galaye
Gumeystaha jadiidaa aroos loo gelbinayaaye
Waraabii gol qabatada yiqiin geelu waw halise
Goodaadsey calankii dhulkuu gaadho baw hadhaye
Gobannimo xaqii ay lahayd geed fog lagu laalye
Goblanse maaha Maandeeq hadday gabadin[18] mooddeene
Wax kalaa dulqaad laga gala laga geddoomaaye
Ma garwaaqsan karo qoom xornimo laga ganaaxaaye
Mar uun bay sidii aar la ganay gaydh[19] la soo noqone
Hadday geed darfuhu dheer yihiin gooya baa xigiye
Xiddiggii gadaal-socod dhac iyo kii gardaadsadeye
Gabbal gaabtay iyo baan arkaa gaawe buuxsamaye[20]
Gardarrada qun-yara xaal adduun gelinba waa cayne.

....

1. *Gawnaxyada:*   *qanjidhada iyo daamanka*
2. *Gaabatada lawga:*   *cududda*
3. *Garwaaqsi:*   *garasho, faham, aqoonsi*
4. *Gabay:*   *1) ka gaabiyey, ka baaqsaday, qaban waayey,
           dayacay 2) suugaan, tix gabay ah iwm.*
5. *Saxal:*   *1) magac xiddig sida mariiqa oo kale 2) xanuun
           iyo tabaalo*
6. *Cirir:*   *masiibo dabiici ah*
7. *Eeshiya:*   *qaaradda Aasiya*
8. *Laatin Ameerica:*   *waddamada koonfurta qaaradda
              Ameerika ku dhaca*
9 *Mow:*   *waa Mow Ston; hoggaamiyihii Shiinaha ee
           xilliyadaas*

10. *Sabca miya malyuun: toddoba boqol oo malyuun oo*

looga jeedo tiradii Shiinaha
11. *Gaasiray:*   *shiiqiyey, hadheeyey, ka xoog roonaaday*
12. *Guro:*   *raarta, guriga gudihiisa dambe*
13. *Jamaal:* *waa Jamaal Cabdinaasir; hoggaamiyihii Masar*
           ee xilliyadaas
14. *Gasar:*   *Qasri, guri madaxtooyo oo weyn*
15. *Gamaad: xabaal, qubuur, geeri*
16. *Gildhigaan:*   *hub, qori lagu dagaallamo sida rayfalka*
           oo kale
17. *Goosan: in yar oo soo hadhay*
18. *Gabadin:*   *meel cidla' ah, waaqla', cid iyo ciirsila'*
19. *Gaydh:*   *carcar, laab la soo kac, soo hinqasho*
20. *Gaawe buuxsamey:*   *hadhuub buuxsamey oo looga*
           jeedo wakhti galbaday ama
           dhammaaday

....

QAYBTA 4AAD

XILLIGII KACAANKA IYO GABAYADII XAAJIGA
(1969 – 1986)

XILLIGII KACAANKA IYO GABAYADII AF-QALLOOC (1969 - 1986)

Ciidamada qalabka sidaa markii ay afgembiyeen qolyihii sibilka ahaa ee talada uga horreeyey 21-kii Oktoobar 1969, waxa ay la gole yimaaddeen barnaamij cad oo siyaasi ah iyo baaqyo taabanaya oo ka turjumaya tabashadii iyo baahidii dadka. Aqoon badan looma lahayn askarta oo milateri ahaan loo jeclaa dhulalka Soomaalida ka maqan awgeed, waxana dareenka dadka intiisa badan soo jiitey baaqyadii ay ku dhawaaqeen iyo afgembiyada askarta oo wakhtigaas dookha dadka reer Afriki raacsanaa. Baaqyada loogu soo joogsadey waxa ka mid ahaa la dagaallankii musuq(ii dalka iyo dhaqaalihiisa ragaadiyey, la dagaallankii eexdii xafiisyada dawladda indho tirtay ee ay la abaadeen, qabyaaladdii madaxtooyada degtey, kana soo faafi jirtey, cidhibtirkii jahliga ee ololayaashii qorista iyo akhriska iwm.

Dhinaca kale wax-qabad ku aaddan dhismaha dalka ayay markiiba askartu dadka u hor kaceen oo si ficil ah ay ugu dhaqaaqeen, sida ololayaashii "iskaa wax u qabso", dhismayaashii xarumaha waxbarashada, caafimaadka, iskaashatooyinkii beeraha, kalluumaysiga iyo hirgelintii wershedaha fudud iwm. Tallaabooyinkaas oo dhami waxa ay soo nooleeyeen rajadii dadka ee waadhka taalley ee il-darrayd, siina dhimanaysey.

Hal-abuurka intiisa badani waxa uu ka mid ahaa taageerayaashii soo dhoweeyey baaqyadaas iyo tallaabadaas askartu hore u dhaqaajiyeen. Xaaji Aadan Axmed Af-qallooc oo ka mid ahaa waxgaradka maansoole ee sida cad u dhalliilsanaa foolxumooyinkii dawladdii la inqilaabay, ayaa bilowgiiba si diirran u soo dhowaynaya baaqyadaas askarta oo isla garab taagaya guubaabo iyo digniin ku saabsan in aan dib loogu laaban halkii "kubka iyo bowdada" lagaga jabay ee lagu riiqday, horena halkan looga sii socdo. Ceerigaabo oo uu cadho iyo umal la jiifey duleedka xabaashii uu nolosha ku qotay, ayuu ka soo hinqanayaa oo inta uu Muqdisho yimaaddo ka qayb qaadanayaa hawlihii horumarinta dalka ee ka socdey. Da'diisa oo boqolka sannadood caasha saartay ayuu "gudin iyo hangool" garabka saarayaa. Waxa uu "af iyo addinba" kaga qayb galay ololayaashii "iskaa wax u qabso", waxanu ka mid noqday guddiyadii ku hawlanaa qorista farta Soomaalida.

Sida lagala soo dhex bixi karo dulucda gabayadiisa marxaladdan ka hadlaya sida aynu kuwiisii horeba ku soo aragnay, waxa uu Xaajigu xoogga saarayey mar walba in la geeddi geliyo oo la beero wacyi qarannimo iyo mid ummadnimo oo beddela garashada tolalka iyo hiilada qabyaaladeed ku salaysan ee maamulka dawladeed iyo hawlihii qaranka minjo xaabinta ku keentay gobannimada dabadeed. Ayaan-darrada ugu weynina waxa ay Xaajiga iyo dadkii kale ee la midka ahaaba ku soo hamaansanaysaa oo afka ku soo kala qaadaysaa markii maamulkii ciidamaddu hoosta kala soo baxay intii hore loo eeday iyo weliba dheeraad! Waa markii ay baaqdeen ee beenoobeen ballan-qaadyadii iyo baaqyadii ay hirgelintooda wax uga holladeen sannadihii hore (1969-1976). Waa markii xaqiiqada hoggaankii ciidamada iyo debcigiisa runta ahi dibadda isu soo maqiiqeen ee dadka is wada bareen. Waa xilliga madaxdii Kacaanku ay cid kasta uga hor-mareen ku dhaqanka qabyaaladda, xatooyada hantida ummadda, musuqa iyo intii la dhalliilsanaa ee lagaga khatoobey, laguna nacay dawladihii iyaga ka horreeyey ee rayadka ahaa iyo weliba kelitalisnimo cusub, xoog iyo jujuub aan hore loo arag oo iyagu (madaxdii kacaanku) ay ballaysimeen. Haddii qolyihii hore ee sibilka ahaa uu xaalkoodu ku sinnaa "afka buuxso kelidaa", "qawda maqashii waxna haw qaban" iyo "qalin ku aarso", qolyahan cusub ee askartuna waxa ay intaas ku soo kordhiyeen " ama Afweyne (MS Barre) raac, ama Afgooye (xabsiga) aad, ama afkaaga hayso"!

Caqligii ayay cabiidiyeen, cidhiidhi iyo culaysna waxa ay saareen curashadii hal-abuur xor ah oo ka turjuma waxa dhacaya iyo dareenka dadka. Garashadii dadka ayaa god madow lagu tuuray, waxana abuurmay hal-abuur cilladaysan oo "awr ku kacsi ah ama munaasibi maalin qayil ah". Xaaji Aadan Af-qallooc waxa uu markan dambe ka mid noqday hal-abuurkii juuqda qabay ee gaaggaxay, guulwadow Siyaadna ay u sii cuntami waydey. Walow Xaajigu uu da' weynaa, xannuunna ku soo kordhayey, haddana waxa aammusnaantiisa loo aaneeyaa xaaladdaas quusta ah iyo hungadaas qaawan ee laga hantiyey taageeradii iyo is garab taaggii hore ee

Kacaankii luggooyo ee 21kii Oktoobar.

Xaaji Aadan Af-qallooc ayaa 1978 dibedda waddanka uga baxay arrimo caafimaadkiisa la xidhiidha. Waddamada Khaliijka ayuu gaadhey. Jaaliyaddii Soomaalida oo laba u qaybsan ayuu dareemay. Qayb ka horjeedda oo ku kacsan Kacaanka iyo qayb la safan oo taageersan oo safaaradaha ku xidhan. Waxa uu u kuur galay sida ay wax u jiraan, waxaana u soo baxday in ka horjeedka iyo la safnaantuba aanay macno kale lahayn ee qolana reernimo u mucaarid tahay, qolada kalena reernimo u mu'ayid tahay! Waa Xaaji Aadan Axmed Af-qallooc oo aakhirul cimri jooga iyo dareen qabyaaladeed oo uu cid ku diido, cid kalena kula safto. Laba cadaabood oo is cunaya inuu dhex taagan yahay, ayuu qun u raac ula socdaa oo fahansan yahay. Qolo waliba qolada kale ayay ku tuhunsan tahay in Xaajigu xaggooda u xuslinayo amaba u janjeedho.

Farxaan Maxamed Guuleed oo ka mid ahaa dhallinyaradii maalmahaas Xaajiga kula kulantay dalka Isu-tagga Imaaraadka Carabta, ayaa iiga warramay shir Xaajiga wax lagaga waydiinayey mawqifkiisa. Waxa uu Farxaan tilmaamay inuu Xaaji Aadan mawqifkiisa ku soo koobay dulucda iyo murtida weyn ee maahmaahdan daayeerka qofaynaysa: Waxa uu Xaajigu yidhi "daayeer baa laga hayaa inuu yidhi mar naftiisa wax laga su'aalay in dadku ay bahal u yaqaannaan, bahaluhuna ay dadka ku tiriyaan"!

Alle ha u naxariistee Xaajigu waxa uu ahaa nin waddaniyaddu lafaha iyo dhuuxa ka gashay oo ku fogaatey, suurtagalna aanay agtiisa ka ahayn inuu dugsado waxaan dugsi lahayn iyo inuu kulaalo dab aan diirrimaad lahayn. Qabyaalad iyo caddaalad darro ma kala maarmaan oo isku degel bay u wada foof tagaan, damalna way wada hadhsadaan. Garashada hiilada qabyaaladeed garsoor iyo garowshiinyo midna ma taqaan. Maamulkii Maxamed Siyaad Barre waxa uu markaas ahaa "dab dhaxamooday", dadkii ku kacay ee ka hor yimina qabiil baa gabbood u ahaa. Sidaas darteed la yaab ma leh in Af-qallooc oo kale hadba doc la raaciyaa tuhun ahaan.

AQALKEEDA LEEGADA

Gabaygani waxa uu ugu horreeyaa gabayadii xilligaas. Oktoobar
1969, ayuu gabaygu ka curtay xaaladdii dalku ku sugnaa. Leego
waa xisbigii talada hayey markii uu inqilaabku dhacay. Waxa uu
magacu ka soo jeedaa xisbigii dhallinyarada ee SYL ee
gobannimada u soo kifaaxay, hase yeeshee Leegadani ma leh
dabeecad iyo dhaqan kifaax. Waa kuwii Cabdillaahi Suldaan
Timacadde ku lahaa:"SYL Ilaah kama baqdiyo ololkii naareed".
Waxa ay ahaayeen aabbayaashii musuqmaasuqa iyo odayaashii
gardaadiyey isku mulaaqa hiilada qabyaaladda iyo hawadinta
hawlaha qarannimo ee Soomaalida. Habeenkii la dilay (15/10/69)
madaxweynihii waddanka Alle ha u naxariistee Cabdirashiid Cali
Sharma'arke, waxa aqalkaas Leegada ka unkamay muran iyo dhaar
qabali ah oo ku saabsan hoggaaminta dalka, taas oo afgembigii
ciidamadu soo af jaray 21-kii Oktoobar 1969. Gabaygani arrintaas
ayuu ka hadlayaa, dhinaca kalena waxa uu soo dhowaynayaa
isbeddelka dhacay, kuna guubaabinayaa in guntiga dhiisha la iskaga
dhigo oo loo heellanaado ka dabo tagga intii la gabay ee laga
habsaamay sagaalkii sannadood ee hore. Wuxu yidhi:

Markii aqalka Leegada[1] shirkii lays afgaran waayey
Oo ay anaaniyo[2] dhacdoo ab iyo laan gaadhey
Oo xarab ahaliyi[3] inuu ka dhaco iniq[4] yar loo gaadhey
Oo uu ajnebi iyo cadowna noo itibinaayey[5]
Oo uu afmiishaar danaystii ugu adeegaayey
Oon axad xil lagu aamminiyo waajib la arkaynin
Intaan horeba oofihi na jabay arami[6] noo raacin
Oo aan tollaayeey la odhan la is unuun[7] gooyo
Oo aan uluuf[8] kale u dhiman aanadii tacasub
Oo aan adduunkii la dhacay meel fog la la aadin
Arrimaheenna iyo maamulkii ururin doonaayey
Way inoo ekayd talo cid uun lagu ogaadaaye
"Baguu noo amniyey Xooggu nabadi waa arage"

Isim[9] baa jiraye dawladnimo kuma asaasnayne
In yar baa ku noolaan jirtaye way indho la'ayde
Intihaasi[10] iyo dabaqaddaa[11] aayo ku lahaaye

Amreekiyo Talyaanaa guddoon dib ugu oodnaaye
Marna haddaan awood Barlamaan cidina eegaynin
Ay doorashadu iib tihiyo yaa ilma adeer ah
Si uu Elegshan[12] kale uga dhacaa aaminkeed dhimaye
Inuu geeshku na ilaaliyiyo aarmigaa[13] wacane
Inqilaabku wuu dhici jiraye kani ka aay roone
Axadna laguma dilin Tawradday[14] noo iftimiyeene

Hadyad bay ahayd aan lahayn dhiig la eersado'e
Ayaan qudha hadday dib u dhacaan nolol ma eegneene
Oktoobar oo labaatan iyo mid ah yaa ayaanka lehe
Waa shahar[15] amran ooy xarakaduhu ku intifaacaane
Itixaadka Soofeytiba[16] ku gaadh aayuhuu rabaye
Waa taa aqmaartay[17] ganeen[18] saxal[19] ataageene[20]

Idinkuna Ikhlaas iyo cilmaad ku aflaxaysaane
Irkig[21] iyo la-yaab ma leh dayaxa inaydin aaddaane
Ilayskaad shiddeen baa dadkii aad u faaraxaye
Waxna shicibku aad ula dhacoo laydinku ammaanay
Eheliyo qaraabiyo idinka oon tacasubkii[22] eegin
Oo raalli ku ah baad rag kale amarkii siiseene
Waa waxaan adduunyada ka dhicin gebi ahaanteede
Waxseen idin ogaysiinayaa oon cidi illaawaynin
Isticmaarku maantuu tegeyiyo Tawraddan Oktoobar[23]
Intaasoo dhan xaalkeennu waa kii ambad ahaaye
Wixii aynu soo aragnay waad na la ogaydeene
Kuwii kala ugaadhoobey baad ururin doontaane
Annagoo dhammaan mu'ayidoo[24] idin addeecayna
Annagaan itaalkiyo afkaba ka akhirayn hawsha
Oo uu dadkii xoox[25] arkayuu godolkii eegaayo
Daldaloolka ka adkeeya yaan daallin noo imane

Abbaayiyo macaaneey ayay kuwii horeba eedeene
Wax badan baa tuweysiyo ku lumay aalad loo tumo'e
Annagana sidii la arkay baa noo abdo ahayde
Arday kama hadhoo macallinkuu daba ordaayaaye
Mas'uuliyaddu waa adagtahoo waa ammuur culuse
Ardal[26] iyo nimaan qaadi karin looma aammino'e

Nin naftiisa amarkeed gabaa ma abyo khayrkeede
Awr baannu nahay aad hoggaan idinku haysaane
Addin haddaad dib qaaddaan shan baannu akhiraynaaye
Hadba madaxda sida laga arkaa uunku falayaaye
Islaax[27] iyo dhismuu doonayaa aradka Soomaale
Ijtihaad[28] la'aan iyo mujtamac wada iskaa yeela
Waa waxa dhulkeenna aakhiruu iin la leeyahaye
Abaaruhuba waa caajiskee maannu aragneene
Macdanteenna weli aasan baa uunka kaafiyiye
Amra shaqada yaan loo fadhiyin sida indhoolaaye

Albaabbada dulliga loo maraa waa amaah gurade
Ummaddii baryada laasintaa[29] waa ayaan xumo'e
Axraar[30] ma ihin xoolaha haddaad ururin waydaane
Orod kuma gashoo taladu waa oodo dhacameede
Arrimaha dar baa jira dib dhigad lagaga eertaaye
Irridahana qaar bay dan tahay ago maroo dhaafe
Aadyaruun tallaabsada dhakhsaad u abyi doontaane.

....

1. *Leego:*   *SYL, xisbigii Leegada ee talada qabtay*
                 gobannimada ka dib
2. *Anaaniyo:*   *naf jeclaysi gaar ah, aan cid kale waxba*
                 loo quudhin xiqdi iyo xasad awgeed
3. *Xarab ahaali:*   *(Af-Carabi) dagaal sokeeye*
4. *Inig:*   *in yar, qarka, duleedka, darafka*
5. *Itibin:*   *suquuqulin, dardaar werin*
6. *Arami:*   *doog, eel, ladh soo kacay*
7. *Unuun:*   *1. madaxa, kurka ama qoorta 2. midho qalfoonta*
                 u eg oo qadhaadh
8. *Uluuf:*   *(Af-Carabi) kumanyaal, wax badan*
9. *Isim:*   *(Af-Carabi) magac*
10. *Intihaasi:*   *(Af-Carabi) danayste*
11. *Dabaqad:*   *beer bulsheed, sida raasamaali ama*
                 dabaqadda dhexe iwm
12. *Elegshan:*   *(Af-Ingiriisi) doorasho*
13. *Aarmi:*   *(Af-Ingiriisi) ciidan*

14. Tawrad: kacaan
15. Shahar: (Af-Carabi) bil
16. Itixaadka Soofeyti: Isutaggii Midowga Soofeyti
17. Aqmaar: (Af-Carabi) xiddigaha iyo dayaxa
18. Ganay: tuuray. riddeeyey
19. Saxal: cirir
20. Ataag: weerar, duqayn
21. Irkig: dhabanna-hays iyo amankaag
22. Tacasub: xag-jir
23. Tawradda Oktoobar: Kacaankii Oktoober
24. Mu'ayid: Muxaafid
25. Xoox: caanaha yare e ka horreeya caanaha
     badan ee godolka xoolaha ku yimaadda
26. Ardal: doqon, abhal, nacas
27. Islaax: nabad,
28. Ijtihaad: dedaal
29. Laasintaa: qaayibtaa, dhawrataa
30. Axraar: (Af-Carabi) xor ah, madax bannaan

WAXA XIGA

Isbedbeddellada xaalaadaha waayeed iyo nololeed ee aadmiga iyo inta dunida la guud saaran ku yimaaddaa waxa ay u dhexeeyaan lammaanayaan iska soo horjeeda oo mararka qaarkoodna is burinaya. Cusaybnimo kasta waxa faraqa haysta oo ku lammaan duugnimo iyo baalinnimo. Dhallinyarannimo iyo firfircoonaan waxa ka soo daba maqiiqan gabow iyo itaalka oo soo gaabta, dhalasho iyo nololna waxa ka dambeeya dhimasho iyo aakhiro. Dhinaca kale waa farxad iyo murugo, macaan iyo qadhaadh iwm. Astaamahaas iyo xaaladahaas oo dhammaan noolayaashu wadagaan, ayuu Xaaji Aadan hadba doc kaga imanayaa oo inagu tusaaleynayaa in aan lagu dagannin maalinta ay wacan tahay oo lagu xisaabtamo maalinta taas ka horjeedda, waxaanu farriinta gabaygan ku lifaaqan ku iftiiminayaa guuldarrooyinka ay gondaha dhigeen ee u dambeeyey qolyihii talada waddanka mayalka u hayey ee ciidamadu kala wareegeen dhawr bilood ka hor iyo halku uu ku dambeeyey kibir iyo isla weynidoodii caadada u ahayd. Qolyahan cusub ee askarta ahna waxa uu ku soo dhowaynayaa digashada qolyahaas hore oo iyaga (kuwan cusubna) digniin u ah sarbeeb ahaan. Gabaygu waxa uu soo baxay horraantii 1970. Waxa uu yidhi:

Haddaad aragto kayn ubax leh oo qawlku[1] ku abeeray[2]
Engeg baw dambeeyiyo qallayl seben abaareede
Haddaad aragto togaggoo dhammaan daadku ku ekaaday
Waxa xiga ayaamaha danbaad agab[3] ka weydaaye

Haddaad aragto oday liicayoo araggu uu liito
Aakhiro godkuu tegihayiyo iilki baw xiga'e
Haddaad aragto inan saydhaysoo eegmo ka xanaaqda
Ummul baw xigaysiyo yaray aamus leedahaye
Haddaad aragto aqal qurux leh oo laga adeegaayo
Isagay arkaantii duntayoo aasmay baa xiga'e

Haddaad aragto wiil anafo[4] iyo adiyad[5] deyn waaya
Waxaa xiga itaalkuu gaboo arami[6] taahaaye
Haddaad aragto aadami kibroo uunka wada laaya

Waxa xiga mid loo soo idmoo aayar gawraca'e
Haddaad aragto amar faasidoo aradka naafeeya
Waxa xiga axkaamtiyo sharcoo lagu ijbaaraaye

Haddii aar libaax dhicid bartoo laga ammaan waayo
Waxa xiga kob lagu soo arkoy inammo toogtaane
Haddii faras abraariyo[7] kuddada[8] lagu ilhaameeyo
Waxa xiga maruu adhax jabuu ka ordi waayaaye

Haddii seef arwaax badan dishaa dhiiggu ku abaado
Waxa xiga afkeedoo jabaan aydin goyn karine
Haddii awrku heeryada cunuu ubadka kaa laayo
Waxa xiga maraad iibisood ku arrad beeshaaye
Hadday ooridaa ba'an tahoo kuu arxami weydo
Waxaa xiga maraad erido ood ka istareexdaaye

Waraabaha amleeyaa wuxuu adhiga boobaaba
Maruun buu bir guri loo ag dhigay dabinka eedaaye
Arbe raxan ilaashaa wuxuu ku ag wareegaaba
Mar baa qalanjaduu ka eryi jirey uga adkaataaye
Ragna hadduu wakhtiga aaminoy tiisa la ahaato
Maruun bay ayaan xumo heshaa waxaanu eegayne
Uub[9] kuu qarsoon baa jirtiyo lama ogaadaane
Ajashaadu meeshay tahaad abid jeclaataaye
Oohin iyo farax baysu jira il iyo baalkeede
Arrin duniyadeed waa waxaan odhahi koobayne
Inqilaabka Soomaaliyeed cidi ma eegayne
Isma odhan kuwii amarka wadey qaar kalaa imane
Wax badan baan ajnebi taladi iyo eednay niman baase
Alxamdullila maantaba dhulkii waa iftimayaaye.

....

1. qawl: 1. doog dheeraad ah oo duurka ka baxa 2.
              badalka
2. abeeray: naaxay, cayilay
3. agab: qalab. alaab
4. anafo: 1. colaad, aano, guuldarro 2. qab, faan

5. *adiyad:*   *gardarro*
6. *arami:*   *doog, eel, ladh soo kacay*
7. *abraar:*   *orod, xawaare*
8. *kuddo:*   *orod ay degdeg iyo booddo weheliyaan*
9. *uub:*   *god, bohol, booraan*

....

CALANYAHOW WANAAGSANI

Waa tix masafo ah oo qurux badan oo sifaynaysa qiimaha calanka iyo astaamihiisa u gaarka ah. Xaajigu waxa uu masafadan halabuuray sannadkii 1970-kii.

Calanyahow wanaagsani kugu caano maallaye
Carradoo mugdiya baad caddaysoo iftiintaye
Waxaa kuu calaamada xiddigtaada caanahe

Caleentaa farxaan kugu ah cagaarka iyo ubaxa'e
Shimbiraha ciyaayana caashaqaaga weeye'e
Caddo shaniyo tobanaad caalamkii ku noqotaye
Cadceed baad u tahay Geeska keligii cashuura'e
Kumaad iman ciyaariyo caawimiyo kaalmo'e

Cudud baannu kugu keennay caddaankii la dirirtaye
Kolkii aan cidhiidh gelinney cadowgii gumaystaha
Dhulkayaga casiiska ah aduu kaaga cararaye

Haddaad waayo cabatayna cahdiyadii danaystaha
Tawrad caafimaad baa kolkaad ciirtay dhalataye
Waa tii laguu cugay camal wixii habsaamaye

Kuwa maanta kuu ciidmay curaddadaadii weeye'e
Ciiradiyo boodhkiyo ciddiyihii safiirrada
Caawa waa habeenkii lagaa maydhay ceebta'e

Kolkaad caadda sare gaadhey cawadaada weeye'e
Caadadiyo dhaqankii cusayb baad u celisee
Cilladihii xumaa iyo xeerkii baa carraabaye
Colaaddiyo dilkii baad cidhitooda goysaye

Caawimo iskaashiyo caqlaad noo abuurtaye
Ciidankaaga Xooggaa cajab iyo la yaab lehe
Cadow aad ka baqatana carro-edeg ma joogo'e
Culuqyaase kaa maqan cidda dhow ku laabane
Iyana inaannu soo celinno cahdaan kuugu qaadnaye

Ha ceeshtee bisha Oktoobar waa caqiibadaada'e
Cimrigaa ha dheeraado calanyahow wanaagsani.

DOOD MARAYKAN

Quwadaha Reer Galbeedka oo Maraykanku hormuud u yahay,
ayuu Xaaji Aadan kula garnaqsanayey gabaygan sannadkii 1970-
kii. Gabaygu waa dood mudduc iyo maddaacaley ah. Nahnahda, is
wanneehinta, is waalka, kibirka, hagardaamada, hadimada,
fitnooyinka iyo mu'aamaraadka dawladaha reer galbeedku, gaar
ahaan ta Maraykanku kula dhaqmaan dawladaha dunida soo
koraysa, ayuu guud ahaan gabaygu soo bandhigayaa oo ganafka
ku dhufanayaa, waxaanu soo dhowaynayaa hannaanka wada
macaamil ee dawladaha Bariga oo Midowgii Soofiyeyti hormuud u
ahaa. Waxa kale oo gabaygu ka hadlayaa xasaradda Bari Dhexe iyo
doorka uu Maraykanku ka qaadanayo iyo weliba qalalaasayaashii
siyaasadeed ee Ciraaq iyo Urdun iyo dagaalladii sokeeye ee
Lubnaan oo gabaygu tilmaamayo gacantii gurracnayd ee
Maraykanku kula jirey, arrimahaas oo maanta lafteeda ka sii
murugsanaan iyo fool xumaba badan berigaas (1970).

Gabaygu wuxuu kale oo wax ka iftiiminayaa waqdii iyo jabkii
Maraykanku kala hulleelay goobihii foodda la isku daray ee Bariga
Fog, gaar ahaan Fiyatnam iyo sida ay dadka geyigaasi iskaga
durkiyeen ilkihiisa sunta iyo waabeeyada leh ee ay uga
libaysteenna waddamada kale ee Kuuriya, Shiinaha iyo Kuuba.
Weligoodba guul kalama tegin meel garaad jiro dheh!

Xoog wax ku muquuninta iyo isla weynida Maraykanka ayaa
gabaygu ku metelayaa in ay u dhiganto tii ay adeegsadeen Naasigii
iyo Faashigii Hitler iyo Mussollini ee Jarmalka iyo Talyaaniga ka
calan-wallaynayey Dagaalkii 2aad. Waxa uu gabaygu leeyahay
*'ficilooyinkiinnii waxa ay noqdeen makruuh aan loo sii dul
qaadan karin. Nacweynidiinnii waxa ka dhashay nacayb
badan. Waxaanad gaadheen meel aan lahayn meel kale oo
looga sii carraabo! Waxaad hor yuuban tihiin 'Jarkii
Hoobashada'! Waxa buuxsamey dhiilashii aad wax ku*

dhitaysanayseen. Waa halkii Nabruud kaneecada yari ka heshay. Waa bartii laga raacay ee lagu rogey Qoonkii Caad, Samuud iyo Reer Luud. Waxana idinku soo maqan gantaal Maalik soo diray'. Waa digasho iyo dardaarwerin dareen hoose oo xanuun iyo damqasho lehi weheliyaan. Waa dareen weli hubaashii dad badan ku oogan dabuubtaas uu Xaaji Aadan Af-qallooc cabbirayey afarta tobanle ka hor. Tolow maantana muxuu odhan lahaa! Waxa uu berigaas yidhi:

Maqalkooda guud dawladuhu waa meerto noo simane
Ha yeeshee macaamiladu waa lagama maarmaane
Ninba wuxuu na maashadu abaal-marinti baw taalle
Maraykaniyo Jarmali kama fekerin maanta saan nahaye
Muddadii horay doonayaan muhashadeediiye
Sidii maranti[1] la la guursaday baa maanku doorsamaye
Miyirsada ku dhaha maannu dhicin maalaad dhaqateene

Mabda'a ishtiraakiga dadka leh lama masawdaane
Afka malab ma mariyaan intay mililka aasaane
Dhaqaalaha makiinado ilka leh kuma maroojaane
Mashruuc kama dhigaan deeqda ay kugu muquunshaane
Muftaax kama dhigtaan tuugta iyo taajir maal badane
Mutasaawi siman bay rabaan lays maciinsado'e

Idinkuna muddaakhilo[2] xumaad magac ku weydeene
Meeshaad gashaan dhaqanku waa midab sawaabmaaye
In midiidin laydiin yahaad umamka mooddaane
Maskaxdiina cudur baa ku jira midab takoorkiiye

Mabda'a Tawraddiyo waxa waddaan waaba kala maane
Kolkay mukharribiintii eryeen maabka qoranaayey
Oo moos la dhigay kaalintuu marayey daadkiinnu
Waa taad mu'aamarad dhigteen madax wareerkiiye
Mukhlis niman ahoo feeyig baa idinku meerraaye
Miiqaad xidheen waxay fureen mayl adoon socone

Mucsur[3] kolkii lagaa dhigay jidkood mari awood weydey
Marmarsiinyo doqonniimo laad madashi keenteene

Maraakiibta Haanoy[4] gashee magaca Soomaal leh
Iyo waxaad muctarifteen sharciga waa macno la'aane
Maqsadkiyo ujeeddadu ka weyn waxaad macnayseene
Midda qudha xaqiiqduna waad cadho masayrteene
Sidii niman idiin magana baad noola muranteene
Beryo haddaad ku meel mari jirteen maaha tii hore'e
Sidii Maydal[5] geeloo ilmihii laga maqaar saaray
Oo nirig mid kale caanihii lagaga maalaayo
Nimankaad ku maamuli jirteen meeshii laga saarye

Milateri axraaraa qabsaday maxaddadoodiiye
Marxabbayn la waa iyo berraan kuu muraad qumine
Mastuur noqoy dariiqii faqaad marin ogaydeene
Malcuun dibu socdiyo khaayinkii idin la meeloobey
Kuwii idinku meeraysan jiray maanta waa halise
Miidaanka oo lagu dilaa laysla meel dhigaye

Gobannimadu madadaalo iyo ma aha dhalanteede
Masruuf sharafka kuma doorsanniyo mood la noo qubo'e
Mashaariicda daayoo dagaal mur ah hadday gaadho
Wixii calanka meel kaga dhacaan nala marsiinayne

Nin kastoo midhiyo xoog leh baan maya nidhaahnaaye
Murtidii Siyaad idin yidhaa noo maqbuula ahe
Midig bay ku siiyeen shacbigu meelu joogaba'e
Majliiskay tahniyad uga direen mu'ayidiintiiye
Muddaharaadka aradkii ka dhacay baw markhaatiya'e

Mucaawino ku sheeg iyo waxaad nagu manneenaysay
Muddaray ahayd iyo waxaad nagu musbaarteene
Macruuf uga ma jeedine dantaad naga mancayseene
Mareegtii Ilaah nooga ray nagu maleegteene
Mudlaq[6] iyo xorriyad kaamilaan maanta leenahaye

Ma macaasho qarankaad sidii malowga fuushaane
Maqdas nimankii baabi'iyey baad magac wadaagtaane
Sidii Musalliiniyo Hitler baad muruq ku faanteene
Waxaad kaga murmaysaan khalqiga madax -bannaannaane

Israa'iil mataanaad tihiin duul munaafaqa'e
Madaafiicda idiinkow diriyo melegga Faantoome[7]
Mushkiladdaydun Bari Dhexe dhigteen waa idiin madhaxe

Dhulka meel aydaan faraa la gelin miimka laga waaye
Mas'uul baw ahaydeen Lubnaan murankii weynaaye
Musuqmaasuqiinnii Ciraaq la isku maan-dhaafaye
Mahdigiina idinkaw sabab ahaa maalintuu go'aye
Liibiya kuwii idin maqlay madaxa gooyeene
Masar waxaad ku layseen ardiyo maato iyo xaase
Miinada Cammaan qaraxday waa midaad ku aasteene
Kuuriya malyuun idinka dile maraad ataagteene
Maydkiinnu sida geeduhuu meel kastaba yiille
Fiyatnaamba muudsaad tidhoo moortar kugu leefye

Muxiidkii Hindoo soo jabaad moos is leedahaye
Waxana idin makali Shiinuhuu Maw u taliyaaye
Kaastaro halkuu idinka mudey mahadho weeyaane
Mas baa Yurub idiin galay la yadhi magaca Diigoole
Midowgii Afriikana ogaa midabbadiinniiye
Eeshiya kolkay idin maqlaan waa matagayaane
Makruuh baad ku noqoteen khalqiga meeluu joogaba
Macaankiini waxaad dhaafsateen mur iyo deebaaqe

Waxba kama maqanee jinnaa mooyahaw tumaye
Marka sebenku kaa meerayaad marin habowdaaye
Ummaddii dulmiga meeratoo xaqa ka meelowda
Waxa Mawle soo rogey xiskoo laga maroorshaaye
Miqdaar[8] gibina baw sabab noqdoon cidi malaynayne
Mid yaroo kaneecuu ahaa mawd Nabruud dilaye
Halkii lagu meselay Caad jannada laga madoobeeye
Musarreen dabaylaa ku dhacay mudunkii reer Luude
Nin kastoo mergiga taagi jiray male ku beenowye
Halkaad maanta gaadheen ma jiro meelad u dhaaftaane
Markan meertadii ta'akhurkaad milaygii joogtaane
Waa mala-ku-moodkiin waxaad taqaddun moodeenne
Mahrajaanka idin qaabbilaa naaf madoobe ahe
Muunad ma leh jikaar maakiriyo[9] maarid[10] xoogsadaye

Waxa idinku soo maqan gantaal Maalig soo ridaye
Mariikha[11] gaadh-dhayaa iyo dayaxa muunad gurataaba
Mar haddii wakhtigu maayil[12] yahay xooggu maan ma lehe
Mudda suga waxaad galabsateen miiladaad heliye.

....

1. *Maranti:*   *haweeney, qof dumar ah oo guri leh*
2. *Muddaakhilo:*   *fara gelin*
3. *Mucsur:*   *fara madhan, qaawan*
4. *Haanoy:*   *magaala madaxda Vietnam*
5. *Maydal:*   *hal magaceed*
6. *Mudlaq:*   *(Af-Carabi) madax bannaan, xor u ah*
        erayga iyo is- cabbirka maskaxeed
7. *Fantoon:*   *diyaarad kuwa dagaalka ah oo*
        Maraykanku sameeyo
8. *Miqdaar:*   *(Af-Carabi) qiyaas leh, xaddidan*
9. *Maakir;*   *(Af-Carabi) dembi*
10. *Maarid:*   *(Af-Carabi) bahal, dad-cun*
11. *Mariikh:*   *(Af-Carabi) xiddig magaciis*
12. *Maayil:*   *(Af-Carabi) maroor, qallooc ama xood,*
         gaar ahaan khadka oo kale

....

UBIXII DALKEENNOW

Waa masafo ka hadlaysa dhallinyarada iyo qiimaha ay waxbarashadu guud ahaan aadmiga u leedahay, gaar ahaanna ubadka soo kacaya iyo dhallinyarada. Waxa ay curatay gu'gii 1970.

Doogada xayaadkiyo ubixii dalkeennow
Rabbi haydin daayo'e tacliinta u dedaala
Dadku waysku abuure jahlaa diley intiisa'e
Ubixii dalkeennow tacliinta u dedaala

Cilmigu waa daruuriyo hogol intiin da'aysa'e
Cilmigu waa dawada nuuxa indhaha u dillaacsha'e
Cilmigu waa dariiq nuura halkaad adigu doonto'e
Cilmigu waa kan diinteennu dalba tidhoo ammaataye
Cilmigu waa kan dawladaha dayaxa u horseedaye
Cilmigu waa kan daabbadaha dusha mara sameeyaye
Cilmigu waa kan ciid dihin batrool lagaga doonaye
Cilmigu waa kan daaddihiya doonyaha abboola'e
Cilmigu waa kan lagu duulay laguna soo degaayo'e
Ubixii dalkeennow tacliinta u dedaala

Kuwa idinla da' ah baa diyaarado sameeya'e
Idinkuna ku daydoo tacliinta u dedaala
Deriskii habsaamiyo saacaddii dayacantana
Dibbaan loo arkaynine tacliinta u dedaala

Daacad waalidayniyo daryeel macallimiintaad
Darajada ku gaadhiye tacliinta u dedaala
Dadkiinnaa idiin aayi weli adhiga daaja'e
Dooh leh awrka guura'e tacliinta u dedaala

Macdanteenna weli dedan jahli baa daboolaye
Dahabka aydun qodateene tacliinta u dedaala
Gobollada dib dhacay baa idin soo deyaaya'e
Aada xorriyad u doonteene tacliinta u dedaala

Dulmigii horeetiyo dib dhicii ma joogno'e

Daawada bilaadkoo tacliinta u dedaala
Yiddidiilo dihiniyo dabayl caafimaad baa
Dalkeennii ka muuqda'e tacliinta u dedaala
Dawlad lagu negaadiyo madax daacad u ah baa
Rabbi inoogu deeqaye tacliinta u dedaala
Duco iyo salaam aan Golaha weyn u dirayaan
Hadalkii ku daayaye tacliinta u dedaala.

WAA DUNI

Indho caalamiyeysan ayuu gabaygiisan Xaaji Aadan ku eegayaa, isaga oo uga gol leh xaaladda nabadgelyada iyo ta dhaqaale bulsheed ee dunida sannadkii 1970 markii uu ugu xoogga badnaa tartankii hubka halista ah ee ka dhex aloosnaa labadii quwadood ee Bariga iyo Galbeedka ama Warsow iyo Nato. Waxa uu gabayga kaga hadlayaa horumarka iyo teknaloojiyada casriga ah ee ilbaxnimada adduunku suura gelisey ilaa tameshle la galaa bixiyey xiddigaha iyo dayaxa iyo haddana khatarta ka soo foolka leh ilbaxnimada iyo horumarkaas la gaadhey laftooda marka ninka gadh-wadeenka ka ahi u dhaqmo sida xayawaanka duur-joogta ah ee midba ka uu ka xoogga weyn yahay muquuniyo ee uu cuno.

Xaajigu waxa uu tilmaamayaa sida qalbigiisu u lulmayo ee uga le'di la' yahay tabaalaha adduun sida xasillooni darrada, ku tacaddiga xuquuqda dadka taagta daran, muquuninta dadyowga iyo ummadaha laga tamarta roon yahay, malaayiinta qof ee cudurrada, gaajada iyo aqoon la'aanta la ciirciiraya iyo sida dadnimadii loo sii tuurayo ee looga guurayo hu'gii iyo hoggii dadnimada iyo dhabnimadii nolosha. *'Waxa loo sii baxayaa'* ayuu gabaygu leeyahay *'cidla' ciirsila' aan is waafajin karin qofka iyo dunta abuurtiisu ka samaysan tahay marka uu ka sal kacayo ee uu diido ereyga Samaawiga ah iyo mabaadida guud-marka sare ee diimeed.'*

Xaaji Aadan Axmed (Af-qallooc) waxa uu gabaygan ku iftiiminayaa in ilbaxnimada iyo aqoontu ay macna beelayaan haddii ay oggolaadaan in dunida dadka saarani 90% gaajo iyo saboolnimo ku abaadaan oo la surbacaadaan, 10% keli ahina dhereg la waashaan. *'Si kasta oo gantaalo iyo xoog loogu kala dheereeyo haddii cadliga laga fogaado oo ka tamarta badani taxgelin waayo ka awoodda yar, waxa hubaal ah' ayuu Xaajigu leeyahay 'in aan nabadi jiri doonin oo ninka sawaariikhda hawada dusheeda sudhay iyo ninka toorreyda birta ah sinta ku haystaa ay dagaal isku hurran yihiin oo isugu iman doonaan. Haddii madfacu qarxana mawdka loo siman yahay oo marka faqiirka taagta yari tago; taajirna aanu hadhi doonin'!*

Xaaji Aadan waxa uu dunida uga digayaa in dagaal saddexaad ka dhaco oo la isku adeegsado hubka Haydarojiinta iyo kiimikooyinka nukliyeerka, taas oo hadday dhacdo ay ku baaba'ayaan taariikhda iyo tacabka aadmigu, ilbaxnimada iyo aqoonta adduunku. Gabaygani waxa uu ka mid yahay maansooyinka ugu yaabka badan ee Xaajiga ee la nool caalamka maanta iyo waxa hareerihiisa ka dhacaya. Waxa uu yidhi:

Tabaalaha adduun iyo amniga samada loo tuuray
Raxmadda oo qalbiga laga tiroo dhiigga lagu taamay
Daciif nabad ku taawoonayoo[1] tebaya oo waayey
Iyo turuqyo-weynaha dulmee amar-ku-taagleeyey
Taan kaga fekeray faalladii tawsta igu reebtay
Tartarradiyo feedhahaa i jabay taqallubkii jiifka
Taahaan ku raagiyo codkaan talalay ee reemay
Tiiraanyadaan soo kaceen tahan ka qiirooday
Tu yaroon ka idhi baa jirtoo waan tawaawacaye
Balaan tiriyo faallada adduun galabba waa tooye

Waa duni tab iyo xeelad iyo tacaddi joogaaye
Waa duni sharcigu taagan yahay taag anaa badane
Waa duni ninkii tamar darnaa lagu tahdiidaayaaye

Waa duni Abbool[2] tacajubliyo Luuno[3] taliyaaye
Waa duni rag temashlaynayaa tegey nujuumtiiye
Waa duni qumbulad tuuriddeed loo tartamayaaye
Waa duni aqmaar[4] togan hawada lagu tegaayaaye

Waa duni tan ugu dheer dayaxa ruux talaabsadaye

Waa duni tiraabkiyo cirkiyo tani is-gaadheene
Waa duni diyuurado tanliyo taar xukumayaaye
Waa duni quwadi taabtay iyo toobi-gaannaduye[5]
Waa duni tan keliyey maqlaan tahay madhaafiice

Waa duni dadnimo tuurtayiyo toobad iyo diine
Waa duni Furqaan laga tegiyo tuu Injiil yidhiye
Waa duni tilmaamaye xaqii taam u sii lumaye
Marna kuma tallamin caalam kale inay tegaayaane

Tun-jileecsi ummam loo dilaa taahu baxayaaye
Tiir-tiirri iyo naxariis darraa loogu taagsadaye
Ka tagaa la yidhi qaar dhulkay tub u lahaayeene
Tabtii bahalihii bay cuneen taag-yarowihiiye

Tobannaan malaayiin ahoo cudur la tiicaaya
Iyo qaar tacliintiyo cuntada taabi kari waayey
Taakulo la siiyaa ka roon toogashiyo xooge
Tagooggay ka soo wada baxeen kanay takooreene
Dubkaa kala taggane haybta waysugu tegaayaane

Cilmigu maaha kaa tamar badniyo tiir biraan ahaye
Nin walba tiisu waa dhiman tahoo toogo beel malahe
Tabantaabo lays caawiyaa waa tu waajib ahe

Dhibtu waxay ka timi uumiyaha tirada weyn gaadhey
Tisciin gaaja laysaa jiroo toban dhergaayaane
Kuwaasoo wuxuun lagu taray tahay aqoontiiye

Mar haddii cadliga laga tagoo lays taxgelin waayo
Inay nabadi taam noqoto waa tu aan la eegayne
Sawaariikh nin taabiyo ninkii toorrey bira haysta
Ninba tuu awoodaba dil waysugu tegayaane
Naftuna waa tu qudha oo ma jiro toban nin haystaaye
Marka uu faqiir tago ma jiro taajir hadhayaaye
Tusbax weeye gees laga furoo tuug is wada raacye

Gantaalaa tamuumiyo suntaa tuurista u dhowe
Haydaroojiintaa ku tuman tacabkii insaane
Taariikhda weyniyo cilmigaa taas ku baabi'iye
Marka ay xaddaaradi tagtee taangi ku cayaaro
Ee boqolka tobankii hadhaa tuna awood waayo
Tiih iyo mugdaa lagu danbayn tii la soo maraye
Allow yaa dhib waxa loo tabcaday samo ku taageera.

....

1. *Taawo:*   *hindise*
2. *Abbool:*   *magaca dayax-gacmeed (abboole)*
3. *Luuno:*   *dayaxa (Luno) Af-talyaani*
4. *Aqmaar:*   *dayaxa iyo xiddigaha*
5. *Toobi-gaanno:*   *qoryo darandoorri u dhaca (hub)*

....

ABBAANDUULEYAASHII

Afgembigii hoggaamiyayaashu ciidamadu ku tallaabsadeen iyo baahidii isbeddelku ku qotomey, ayuu gabaygan oo dhiirri gelin ahaa ku saabsan yahay. Waxa uu ahaa horraantii 1970-naadkii. Waxa uu yidhi:

Aarmiga iyo geeshkeennu waa labada oofoode
Inkastoo arrinta ay qabteen waajib ku ahaatay
Abbaalduuleyaashii hor kacay Tawradda Oktoobar
Abaal iyo ducay leeyihiin lama illaawaane

Annaga oo ambada bay dariiq noo iftimiyeene
Asaaskay dhigeen baa dadkii ku istareexeene
Eheladii collowdiyo kuwii kala asaayoobey
Mabaadida islaaxdiyo xaqay ku intifaaceene

Amni baa cammiray meelahay dhamacdu oognayde
Orbay wada tuntaan wiilashii uubatayn jiraye
Yiddidiilo lagu oon baxoo aada baa timide

Ibii laga fur samadii dhulkana dooggu ku ekaaye
Omoskii Ilaah nooga ray aydii kululayde
Abaartii ka guurriyo rugtii oodanka ahayde

Ubax meel lehiyo baa la degey idhan caleen weyne
Uurkiyo quluubtii bogsade urur-gadooddiiye
Afraax baa beddeley ciil-qabkii nagu abuurraaye

Ilays iyo siraad baa baxoo laysu soo orodye
Dhexdayada axjaartii la dhigay eegga laga qaadye
In yaroo iblays duufsadiyo ehel-cun mooyaane
Isu oloshey Soomaalidii kala irdhaysnayde

Isticmaar qadiimiyo jadiid naga awaareeye
Ma abbaasanno'e gaalo waw anafo-baannaaye
Amreeka iyo qayrkeed ma jiro nimaan addeecnaaye.

QABYAALADDII OO HADLAYSA

Suugaanta Xaaji Aadan Axmed Xasan (Af-qallooc) waxa hadheeya had iyo goor hummaagyo fud fudud oo si waaddix ah u soo gudbiya farriimaha ay gabayadiisu sidaan. Gabaygan soo socda waxa uu Xaajigu ku qofaynayaa *Qabyaaladdii* oo hadlaysa oo si sahlan uumiyaha u baraysa dabeecaddeeda, sida ay ula macaamisho dadka adeegsada ku dhaqankeeda iyo eelka ay reebto cidhib xumaantiisa. Xaajigu waxa uu ka mid ahaa dadka sida dhabta ah u neceb qabyaaladda iyo ku dhaqankeedaba, waxaanu fahamsanaa oo aaminsanaa in qabyaaladda iyo nolosha casriga ahi aanay wada socon karayn, qabyaaladduna dib u dhac mooyaane horu kac haba yaraato'e aanay lahayn. Gu'gii 1971 ayuu gabayga tirsanayaa, waxaanu yidhi:

Waxaan ahay qabiilkii aakhiray reer Afriiqiya'e
Abaartiyo colaaduhu anay ila rafiiqaane
Arradka iyo gaashada ayaan ehel wadaagnaaaye
Waxay dhalay ibliisiyo jin iyo odayo sheydaane
Abtirsiino kala sooca baa ii iskuulla ahe
Aji iyo sab anigaa ka dhigay uun walaalo ahe

Dabkaan ololiyaa lagu gubtaa meel haddaan imiye
Iimaan la'aantiyo dhibtaan abid jeclaadaaye
Awood waxaan u leeyahay khilaaf inan abuuraaye
Isku diridda iyo baan aqaan laydinka adkaaye

Amniga iyo nabaddaanan rabin abid xayaadkaye
Axmaqiyo afyuun-baallahaan la arrin yeeshaaye
Ugaas iyo suldaan iyo niman afmiishaara
Waxa talada aad iila wada waa islowyada'e
Iyagaa abaabula fidnada laysku aayiro'e

In intaan u kala qaybiyoo lays afgaran waayo
Awlax iyo markii laysku rido ololka maadhiinka
Oo qaar naftii ka alwataan anafo baanaaye
Ayaa hebel lahaa waa midaan ku is-tareexaaye
Alla jabay halkii laga yidhaan agabta geystaaye

Billad oohinaan kii wax dilay ugu ikraamaaye
Ooryaha ganbo cad loo xidhaa aniga way iide
Intii aan arwaax diley ka badan ubaxa geedaaye

Iyadoon adduunkaba mulkiyey oon cidi i eegaynin
Axraar baa kacdiyo geesiyaal aarmigii sida'e
Inqilaabku goortuu dhacaye Tawraddu islaaxday
Ee odayadii layga xidhay ii arriminaayey
Awel baan ogaa inaan wakhtigu i oggolaanayne
Oktoobariyo xooggay diloo eeday labadiiye

Soomaalidaan kala eryeyaa laysu soo ulaye
Anigana waxay igu amreen inay i aasaane
Ugaas iyo Suldaan iyo Islow iyo Afmiishaarro
Kuwii igu ugaadhsanahayee ii abtirinaayey
I inkire dadkaan aaminiyo odaygii beeldaaqe
Eebiyo warmay ila dhaceen inammadoodiye
Markaan aah idhaahdoba budh bay oof i jebiyeene
Afka dhoobo iga saare iyo ciiday urursheene

Intay oog shideen bay batrool igu afuufeene
Igu oriye goortay xabaal igu adkeeyeene
Isticmaarka iyo dibusocdaha eeday taladoode
Markan anigu Aakhiro tegey iyo ololkii naareede
Ha adkurina magacayga waad ku ambanaysaane
Haddii kale ninkii lagu arkow eeday reer hebele.

HALKII NOOLBA CALANKII LA SAAR

Astaamaha calanka, sida uu qalbiga Xaajiga ugu yaallo iyo halka uu la joogo qiimaha calanku ayuu gabaygani ku saabsan yahay. 1971 ayuu kor u eegay calanka oo guudkiisa laydhu ka babinayso. Dhinaca kalena waxa uga muuqday hawlihii horumarinta dalka oo si habsami ah u socda iyo ummad isku duuban oo meel u wada jeedda. Waxa uu yidhi:

Halkii noolba calankii la saar haybadda lahaaye

Hirar mayay bilaadkiyo ku noqoy hogol gu' sooraade
U hal-dhabey hannaan iyo cisuu Tawraaddii helaye
Sidii hawd caleenliyo daruur heego curanaysa
Ama baday dabayli heshayoo hulaca guulmaysa
Goortay hawadu taabatuu kor u hashleynaayo
Oo uu habaaskii ku dhacay baalasha hufaayo
Qalbigaa farxaan la hinqadaad ku hiyi raacdaaye
Xiddigtiisu waw hadaf shantaan kala habaabayne

Hareeraha mid uma aammino iyo meel hortiisa ahe
Sidii wiil habeen hore dhashuu laabta ku hayaaye
'Hayaay' urura buu leeyahoo soo hankaabsada'e
Halkuu joogo labadaa shabeel kama hagaagaane
Taajkiisa hoodada leh bay gaadhka ka hayaane

Hal labaatan iyo kow markuu yoomku ku hagaago
Habeenkaa bisha Oktoobar buu wada hillaacaaye
Hadh cad buu ku yahay caalamkiyo hiirta waaberiye
Inkastuu Afriiqada hiddiyo haybba la wadaago
Waa Geeska habartii dhashoo hooyadiis ihiye
Isagiyo hoggaanshaha iyo hodanka ciiddeenna
Habkii gobannimaa ku eg wixii kaleba waw hiile

Saddexdaan la hanan qarannimaan noo hirgelahayne
Hagranna maynno oo sharafkayaga waw hanweyn nahaye
Hantidiyo naftaba nabad-galkood waa u huraynaaye
Allow guusha adigaa hayee hibada noo raaji.

DALKAYGA

Quruxda dalka ayay masafadani ka hadlaysaa. Hawada diirran ee
dhexdhexaadka ah, afarta xilli ee gu'ga, xagaaga, dayrta iyo
diraacda, dhirta iyo ugaadha, beeraha iyo dooxooyinka xoola
daaqeenka ah, durdurrada iyo webiyada, labada badood iyo
xeebaha, dabciga soo dhowaynta iyo habka wanaagsan ee marti
gelinta Soomaalida iwm. ayay masafadu tilmaamaysaa in ay ka mid
yihiin isirrada soo jiidanaya indhaha dalxiisayaasha shisheeye. Waxa

ay soo baxday sannadkii 1971, waxaanay tidhi:

Dalkayaga nin doonow   inaad daawasho u timi
Dawo qaadan maysido dabiib uguma baahnide
Kolkaad soo degtaa buu qalbigaagu diiriye
Dabayl caafimaadiyo nasiinaa ku daariye
Jiilaal dab dheeriyo dayr iyo xagaageed
Iyo gu'gu hadduu da'o midna diidi mayside

Dillaan iyo gariiriyo[1] duufaan ma yeesho'e
Markaad adigu doontaba dabcigu waa munaasibe
Dabeeciga dhirtaad arag duulkeedu laacaye
Doogga iyo ubaxaa degdeg kuu salaamiye

Sidii doogsin roob baa cambuhu kuugu daadane
Muus soo deldelan baad darfihiisa gaadhiye
Dar baa kuu shaqaynoo degganoo akhyaar ahe
Waxaad adigu doontay dalabkaaga keeniye

Daanshoodka reeraha haddaad duurka aaddana
Dooxooyinkaad tegi halka maalku daaqo'e
Durdurradiyo baad arag webiyo daafa dhacayee

Daa'uuska ciyayaad dawan baxaya moodiye
Dariiqaad maraysaba   hoglaa kugu da'aayo'e
Dayuurtiyo[2] ugaadhaa ku soo doonanaaya'e

Docaa laba badoodiyo hawadiisa darayga ah
Dal kaleba lahayn baad daawan oo la yaabiye
Dahab weeye ciiddiisu Rabbi noogu deeeqaye
Adigiyo naftays diidi inaad dib ugu noqoto'e

....

1. Dillaan iyo gariir: dhul gariir
2. Dayuur: shimbiro (Af-carabi)

....

HAYIN QALAD

21-kii Oktoobar 1971 laba sannadood ayaa u buuxsantey maamulkii askarta ee Jen. Maxamed Siyaad Barre hoggaamiyaha u ahaa. Xaaji Aadan Af-qallooc waxa uu gabaygan ku cabbirayaa dareenkiisii ku saabsanaa labadaas sannadood iyo wixii u qabsoomay Soomaalida. Waxa uu labadaas sannadood barbardhigayaa sannadihii ka horreeyey ee dawladihii rayadka ahaa talada hayeen. Hayin qalad ay abaaro iyo ooda lul arlada ka dheceen ayuu ku sifaynayaa sannadihii hore. Labadan sannadoodna 21/10/1969 – 21/10/1971 bilowgii berisamaad ay arlada ka curteen hoglo roob ah oo mahiigaan ah. Waxa uu tilmaamayaa gabaygu in laga raystay labadaas sannadood qaxarkii iyo lurkii qabyaaladda, musuqa, boobka hantida ummadda, colaadihii iyo eedihii sokeeyaha, lagana soo baxay halistii iyo hoggii madoobaa ee lagu jirey oo haatan loo heellan yahay horumarinta dalka iyo dadka, iyada oo durba la arkayo hordhicii midhahaas la beeray. Waxa uu yidhi:

Hayin qaladku waaguu dhaciyo dhibiyo haaraanku
Oo aannu kala haydhannay[1] oo qaarba hilin aaday
Annagoo abaar iyo harraad meel la hoganayna
Oo habar dugaag iyo cadow nagu hareereeyey
Ooy hogo kaliileed tahoo laysku hiifaayo
Aan samada hoos lagu ogeyn hilif yar oo caada
Oo Hiiliyow iyo baryada lagu hadaaqaayo
Hiigaamo[2] roobiyo cir baa helay bilaadkiiye

Hadaan cidi filayn buu onkodey hiirta waaberiye
Hawda iyo xiinkaa dadkii soo hambaabiraye
Ha jirtoy bisha oktoobar buu noo hillaac da'aye
Ha noolaato weligeed Allay hoodo leedahaye

Halistiyo dabkii baxahayuu daad hulaanjiyaye[3]
Biyihii hawada gaadhayoo aradku hayn waaye
Higtii danabku ruux nagama dilin halalacdiisiiye

Goortii xareed laga hirqaday haqab la' oo buuxda

Nin waliba halkuu joogey buu haakah leeyahaye
Intuu hooray labadii gu' baa haatan buuxsamaye
Waa waxa cayaaraha hiddaha loogu hawl-galaye
Ha noolaato weligeed allay hoode leedahay

Horseed bay u tahay dawladaha hadiyo goor noole
Hog madow annaga oo gallay hurisay laydhkiiye
Waxii naga habsaamay indhuhu hore u eegaane
Hurdadii ka toosay na tidhi ka hadhe uunkiiye
Heshiiyay na tidhi waxaad tihiin hayb walaalo ahe
Hura qoloqolay tidhi dhammaan waa is helaysaane
Dhaqaalaa hagaajay na tidhi hibadu waa maale
Dhulkana hoos u qoda bay na tidhi ciiddu waa hodane

Hiyiga talada iyo waajibkay noo hawaal tirisay
Horaannu u aqballay oo layska dhaaf habacsanaantiiye
Nin waliba wuxuu hidin karuu hawlihii wadaye
Hinqashada tallaabooyinkaan hore u qaadaynno
Himmadiyo dad wada tawriyoo gacanta lays haysto
Horukaca dhulkii lagu wadee heerka sare gaadhey

Hidda dhaqanka waa hore lumee haatan la abuuray
Hantida nagu fillaataan cid kale gacanta loo hoorsan
Han weynida shisheeyuhu ka baqo hurinta Geeshkeenna
Hayaay iyo colaadii go'ay ee nabad la soo hoydey
Hadhuudhka iyo beerahan baxay ee wada hillaacaaya
Intaasoo hubaal wada ahoo aan laga habaabaynin
Hoobaanta midhihii ku baxay hogosha weeyaane
Ha noolaato weligeed allay hoodo leedahaye

Nin dantiisa keliyuun hayaan hoos waxbaw deyine
Wax hadlaaya nimankii dibnaha haarta ku lahaaye
Waxba yuu afmiishaar hufsani noo halaahaline
Wax hubaala Soomaalidii waa horuu socode
Halkaan labada sano gaadhnay baan haabka lagu hayne
Ha noolaato weligeed allay hoodo leedahaye

Kuwa talada sare noo hayee noo hor kacay hawsha

Naftoodii u hure daacad inay nagu hanuunshaane
Halkii taqaddum yaallaba wefdaa haatan loo diraye
Inkastaanu nagu hawl yarayn hilinka noo muuqday
Tubtii waannu haynaa sidii ugu haboonayde
Ha noolaato weligeed allay hoodo leedahaye

....

1. Kala haydhan: *kala tag, kala hulleelid*
2. Hiigaamo: *cir culus, roob badan*
3. Hulaanji: *harraati*

....

DABBAALDEGGII OKTOOBAR

Gabaygani waxa uu la ujeeddo yahay gabayga hore ee Hayin Qalad. Sannad guuradii 2aad ee Kacaankii milateriga oo ku beegnayd 21-kii Oktoobar sannadkii 1971, ayuu Xaajigu ka tirinayaa gabaygan dheer munaasibaddii dabbaaldegga ahayd. Marka uu ka hadlo guulihii labadaas sannadood lagu tallaabsaday, ayuu si farxad leh u cabbirayaa dareenkiisa qofnimo iyo qiiradiisa waddaninnimo ee ku aaddan hawlaha Soomaalida u qabsoomay iyo qaabkii uu dabbaaldeggu u dhacayey. Waxa uu tilmaamayaa in aanay lib ka weyni jirin dhinaciisa inuu u soo joogo oo cimrigu ku simo isaga oo boqol jir dhaafay dabbaaldeggan oo kale, Ilaahna waxa uu ka baryayey in wanaaggaas iyo guushaas uu dadka Soomaalida solansiiyo ku fara adaygeeda! Waxa ay ka mid tahay tani ducooyin badan oo aan la aqbalin si la mid ah sida aanay u hanaqaadin ee ay u curdin dhadhay kacaannimadaas Soomaalidu. Waxa uu yidhi:

Sannadihii habsaamiyo waqtigan eegga soconaaya
Ma sinnee Ilaah mahaddii waa suurad kala weyne
Nabsi seben maqnaa iyo nasraa soo degoo yimide
Sayid Maxamediyo[1] Gurey[3] raggii hore u saanqaaday
Taariikhda seeskay dhigeen sadarradii liicay
Siyaad baa banneeyoo hadday saqafki gaadheene
Sadxigii[3] hadhuu doonayaa inuu sameeyaaye
Saddex buu ku yahay qaaciddada[4] aradka Soomaali
Surwaalkii ma dhigin iyo dharkii sawjarnimadiiye
Sar intuu abuurtiyo ma gelin soohdin laydh badane
Socdaal uguma bixin Yurub intuu saydhay maal badane
Suhuum[5] kuma leh Baan iyo Shirkado soorta iibsada'e
Sokeeyaan lahaa iyo ma odhan seeddiyoy xiga'e
Saqda dhexe intuu Liido[6] tegey looma sacabbayne
Sidii uu dad kale yeeli jirey wuu ka saahideye
Soo-jeed habeen iyo tashaa solay naftiisiiye
Sabab taqaddum lagu gaadhayuu ku hurdo seegaaye
Sidaasay kalsoonida dadkii dhab ugu siiyeene

Saciim[7] buu Afriiqiya u yahay saadiq aaminahe

Sida qamarka[8] oogada socday sare u eegaane
Sawdkuu la yeedhiyo codkaa loo sid tiriyaaye
Seeftii nasriga buu sitaa suuratal Ikhlaase
Sagal hoorey buu noo yihiyo seerma-weydada'e
Sidii lagu tilmaamoba runtii uga sinaad roone
Sidaasay kalsoonida dadkii dhab ugu siiyeene

Salkuu calanku gaadhoo mar baan sigannay waagiiye
Safiirraaba noo talinayiyo qaar la saaxiib ahe
Nin seexdaa siciis dibi dhalaa lagu sabaa wayle
Dadkoo seli[9] ka laalaada bay xil isa saareene
Safka geeshka goortuu ku yidhi soodhka wada qaata
Ee uu salaad hore qabsaday soolkii caasimadda
Saxarna laguma ridin meel qudhoo siinnay gacantiiye
Sidii uu dadweynuhu rabay wax u sameeyeene
Inqilaab saliimaa dhiciyo tawrad saaxiyahe
Soo celiye sharafkii ka lumay aradka Soomaale
Siqo[10] iyo kal-gacal buu ku helay saajacnimadiiye
Sidaasay kalsoonida dadkii dhab ugu siiyeene

Sidii hore ma joogtoo dhulkii saac kalow baxaye
Soomaalidii maanta waa ul iyo saanteede
Saqiir iyo qof weyn shaqadii baa loo sardamayaaye
Saraakiisha iyo madaxda iyo golaha "Aar Siida"
Surkay dhagax ka saaraan intay sare u qaadaane
Saan-qaadday hawshii Allena waa na saacidaye
Sidaasay kalsoonida dadkii dhab ugu siiyeene

Sifo dabaqadeed iyo la waa' saayid baan ahaye
Sanka kuwii dadka u taagi jiray gale sufuuftiiye
Tuuggii suryada goyn jiriyo saaruqii baqaye
Qaanuunka layskuma siroo qaar ma saacido'e
Kanaa saba kanaa saara iyo laan saraan jirine
Mabda' lagu sinnaadiyo amnaa simay bilaadkiiye
Sidaasay kalsoonida dadkii dhab ugu siiyeene

Kala soconnay xeer iyo magtii saaqidka ahayde
Sibrahaa qabiilkii la jaray surucii shaydaane

Soddon baa la diley iyo ma jiro sabada meyd yaalle
Sasabiyo ciyaar kuma galaan sooma-jeystuhuye
Naftii sababtay ruux kale wataa saaka loo dilaye
Sidaasay kalsoonida dadkii dhab ugu siiyeene

Mishaar afkii lagu sitiyo sawd xun la illowye
Sagsaaggii wax lagu boobi jirey suuqii laga waaye
Niman dhididka saydhini ma helo soorta uu cuno'e
Sanbiil qaada lama iibsadiyo qiiq ku saayida'e
Nin waliba siduu beri yiqiin saami buu dhimaye
Safaahada guryihii loo tabcaday saaka waa ibire
Suxdigii rishwada[11] iyo la waa' xaakinkii sidaye
Sidaasay kalsoonida dadkii dhab ugu siiyeene

Suldaan iyo ugaas iyo la goo sanamkii beel-daaqe
Xukunkii sabool iyo qudh kale eegga loo simanye
Suldadi qiimi bay yeelatoo sare wax loo eegye
Samaciyo is-maqal baa dhacayiyo daacad saayida'e
Qalbigii is wada seegganaa waysa saamaxaye
Sidaasay kalsoonida dadkii dhab ugu siiyeene

Simsaarkii sharciga iibin jirey laga su'aal qaadye
Kuwaan salamadhlaha moodi jirey suuraddiyo jaaha
Saqajaanki "biiskoorbis" iyo sogordihii dhoofye
Siigada shaxdii layska daa sanac xumaantiiye
Suufi isku sheeg baa hadhiyo saarkii naagaha'e
Iyagana sidii lala damciyo xadhiggii loo soohye
Sidaasay kalsoonida dadkii dhab ugu siiyeene

Saawiyad la eegaba dalkay sare u qaadeene
Dugsiyadii sameeyoo cilmigu meel saruu tegeye
Saraciyo wershedihii bate oo saare midhihiiye
Samadiyo dhulkaba xooggayagu dhigay sawaariikhe
Saxadii guryaha loo dhisay oo saanacaa yimide
Cumaashii[12] la saranseerin jirey siiye lacagtiiye
Si dooray u baadhaan arlada sahanka meeraaye
Sitiin alif ka badan joolajigu muunadduu sidaye
Sadkayagu na deeq oo ma jiro nimaan su'aalnaaye

Salabeeye ceebtay khalqigu nagu saluugeene
Sumcad dawladdihi caalamkaan ugu sarraynaaye
Sidaasay kalsoonida dadkii dhab ugu siiyeene

Iyagoo abaar lagu salliday aradka soofkiisa
Oo sicirka xooluhu jabay soortu ku adkaatay
Oo uu Rabbaa noo sahlee cudur na saameeyey
Oo uu Suweys naga xidhmuu muuskii saranseeray
Oo uu qarbigu nagu sallimey qaar gadaal socoda
Intaasoo sinsaarooyinay sahal ku dhaafeene
Sidaas waxay ku gaadheen kartiyo dhibiyo soo-jeede
Laba sanoo qudhaa lagu beddelay sawricii hore'e
Sidaasay kalsoonida dadkii dhab ugu siiyeene

Samaatoo dadnimadii hadday saaxi noo tahaye
Hadba madaxdu sida ay fashaa lagu sifoobaaye
Sidaad u hor kacvdeen hawlhii waw la soconnaaye
Saantaannu qaadniyo cagtaan suunka ku adkaynay
Sallaankaannu fuulniyo niyadda samaha doonaysa
Saamalayl shaqaalaha kacee saacad ledi waayay
Sebi iyo haween ubad sidiyo shicibka soomaaya
Sannahaabadiyo qayladiyo soo deg iyo qaadda
Sanqadhiyo biraa jawle iyo leexadaa simantay
Sawdkii Ra'iiskiyo weftiga socodka dayn waayey
Intaasi waa siyaabii horiyo sadar bilowgiiye

Siduu rabo mabda'u waa inaan samada aadnaaye
Siraad taqadum baynoo bixiyo laydh horuu socode
Gu' si wacan u da'ay geedahoo sare u dheeraaday
Saxansaxada roobkiyo xareed rahu sannaadhaayo
Sahankiyo horseedkii arkaa soo noqdoo yimide

Ummaddii saqiir iyo kabiir aradka Soomaali
In hayaanka naqa lagu simay wada saxeexeene
Siigada inoo muuqatiyo salowga yeedhaaya
Isma sugine qaar baa socdoo soohdimii tegaye
Kuwa suurta dheer marahayoo marada saydhaaya
Waa sucamadii golaha oo soo duwaay na lehe

Shiine iyo sidii Kuuriyaa eegga loo socone
Way na la sinnaayeen kuwaa saxalka gaadhaaye
Sancaa laysku dhaafiyo gacmuhu waxay sameeyaane
Sakran mayno hawshoo dantaa soo kacaay na lehe
Seben hore wixii naga dib dhacay baannu soo celine
Sare-joogsannaye kii hadhow saymahaad geliye
Saxalkiyo abaarihii baxoo saaka waa nabade

Sareedada inoo muuqatiyo samaha laacaaya
Rabbi baa na siiyeye rag baw sabab ahaa taase
Sucdigii[13] dalkaad noqotay iyo kay sugaayeene
Soomaali oday baad u tahay Ina Siyaadowe
Taariikhdu waxay kuu sajali magacan suulayne

Sare kace dadkii oo aqbale saad ku amarteene
Waa cahad aan soo noqod lahayn saanu leennahaye
Samrina maynno jeeraan dayaxa eegno suu yahaye
Adiga iyo saaxiibbadaa golaha "Aar Siida" [14]
Iyadoo salaan iyo kalgacal shicibku siinaayo
Tixda aan siday wax u dhaceen sugay akhbaarteeda
Oon siinka ka higaadshey oo saxay xuruufteeda
Saddexda wiig bisha Oktoobar oo loo sid tirinaayo
Oo uu cimriga tawradduna laba siniin gaadhay
Farxad shicib ku seexdaa jirtoo laga sinnaadaaye
Sidiiqiyo cadowba dawladuhu waw socod yimaaddaane
Siddeeddiina gobol baw tartami waxay sameeyeene
Miidaanka[15] oo laysa simo suuqa Xamar-weyne

Markay geeshku qalabkay sitaan soo bandhigo xooggu
Ooy safaf u soo kala maaraan suurad kala jaada
Oo uu siyaax daramalliyo Baand hor soconaayo
Oo miig sawaariikh sitaa samada heehaabo
Oo golaha madaxdiisa sare lagu salaamaayo
Ood seefta walacdeeda iyo soodhka ku asqowdid
Oo calanka guudkooda sudhan laydhu saxal qaaddo
Oo uu sarreeyuhu warkoo saxan dadkaw sheego
Oo suxuf wax qorayaa jiree qaar sawiranaayo
In kastoon sirqooboo cimriga boqol saraw dhaafay

Waa sacaado iyo lib inaan saas ka qayb galo'e
Allahayow i solansii Adaa lagu su'aashaaye.

....

1. *Seyid Maxamed:*	*waa hoggaamiyihii halgankii Daraawiishta ee Seyid Maxamed Cabdille Xasan*
2. *Gurey:*	*waa halgamaagii Axmed Ibraahim (Axmed Gurey)*
3. *Sadxi:*	*(Af-Carabi) 1. saqafka 2. gun ama sal aan lahayn*
4. *Qaacid:*	*(Af-Carabi) hage, hoggaamiye, hormuud*
5. *Suhuun:*	*magaalo ku taalla Switzerland bunuugta lacagtu ku yaalliin*
6. *Liido:*	*Xeebta Xamar*
7. *Saciim:*	*(Af-Carabi) hoggaamiye, hormood*
8. *Qamar:*	*(Af-Carabi) dayax*
9. *Seli:*	*(Af-Carabi) qar, jar, deli ama daw*
10. *Siqo:*	*(Af-Carabi) kalsooni*
11. *Rishwo:*	*(Af-Carabi) laaluush*
12. *Cumaal:*	*(Af-Carabi) Shaqaale*
13. *Sucdi:*	*(Af-Carabi) hoodo iyo ayaan leh, nasiib badan, farxad leh*
14. *Aar Sii:*	*(Af-Ingiriisi) RC (Revotionary Council) ama Golihii Kacaanka*
15. *Miidaan:*	*(Af-Carabi) gole, gegi ama garoon*

....

HOGA-TUS

Waa hawaala warran xambaarsan hummaagyo qurux badan oo is barbar dhigaya laba shay oo kala itaal iyo baaxad weyn, sida rah iyo dibi ku tartamaya inta ay biyaha ka cabbaan, inta uu awrku rarka ka qaadi karo oo dameer u kohanayo, wan isku deyaya waraabe dihaal qaba inuu u jilib dhigo oo muquuniyo, hud-hud u laab kacaya inuu buur yuururta harraati dhalfiifaha kaga dhigo iwm. Waxaas oo duur-xul iyo sarbeeb ah waxa uu Xaajigu uga gol lahaa qolooyin doonayey in ay Tawradda minja xaabiyaan oo la ogaadey, dabadeedna qaar ka mid ah la qabqabtay oo xabsiga loo taxaabay. Gabaygu waxa uu soo baxay gu'gii 1971. Waxa uu yidhi:

Wax hadliyo wax hawsiyo wixii sawdka ku hadaaqa
Badda waxa hulaanjiyahayoo aan hurdo aqoonnin
Hardaf waxa u rooriyo wixii beerka ku hadaafa
Wax hawliyo waxii haadayoo samada heehaaba
Wax kastoo dhaqaaq hidin karoo hay'ad iyo ruux yeesha
Han weynida ka siman iyo qabkoo waa hiddo abuure
Qudh kastaa waxay hidin kartay hore u dhaaftaaye

Halaaggii la soo dhaafay iyo hiirtii laga raystay
Kuwii inay halkii nagu ceshaan ku hindisoonaayey
Hawadii la soo qabayey oo xadhigii loo hooye
Halmaan bay ahayd derajaduye kuma habboonayne
Dar kaloo hawaysyo ahna ways hadal ogaayeene
Wixii lagu heshiiyaa ahaa heemo dhalanteede

Halyeynimada adigoon lahayn hibato laabtaadu
Wax badan bay hallaysoo ku lumay taniyo Haabiile
Iyagoo horuu soconayay dib u habaabeene
Dameer ma hinjo aqalka awr hayina loogu hawl galaye
Hal dhurwaa libaax kalama hadho hilib ugaadheede
Hadaafaa wan ihi kama warqabo haaruflaha aare
Dibigii intuu harada tegey ka hirqadee dhaafay
Quwaddiisa inuu helo rahii ku hambalyoonaayey
Biyuhuu hiraabtee cabbuu jeexmay haraggiiye

Wax badan oo sidaa u handadaa hodey naftoodiiye
Hud-hudkaaba yidhi buurta weyn waad harraatiyiye
Hal finiin ah oo soo dhacaa haatufkii dilaye
Hammigiisa jiir baa is yidhi awr ka habaq siiye
Isagiyo burkii uu hurduu hawl yaraan liqaye

Is-hawadinta roorkuba markuu heeggi soconaayo
Wuxuu ku hamranaayaa dhulkaa kuula degi hoose
Ninba heerka uu taagan yahay ka hammad weynaaye
Hadhkaagood run mooddaa hadhow lagu hungoobaaye
Nin kastoo naftiisu hawirtow Haawiyaad tegiye.

HUTEEL TALEEX

Sida aynu hore u soo tibaaxnay waatii uu Xaajigu ka wayiigey
ee nacay maamulladii sibilka ama rayadka ahaa iyo sidii foosha
xumayd ee ay hawlaha maamul u wadeen, una dhaqmayeen ka
mas'uuliyiin ahaan. Waatii uu ciilka iyo cadhada ula hulleelay
Ceerigaabo ee uu gabayadiisa ku tilmaamay inuu xabaashiisii qotay
isaga oo nool. Xaabaashu sarbeeb bay ahayde waxa uu dhufays ka
galay xumaantii ka tafaha dheerayd tamartiisa wax qabad ahaan ee
waddanka taalley. Markii uu is beddelka askartu waddanka ka
dhacay 1969, yiddidiilo cusub iyo nayaayiro badan ayaa galay
dareenka iyo dubaaqa Xaajiga sida ka muuqata gabayadiisa badan
ee uu curiyey sannadihii hore ee kacaanku cusbaa (1969 – 1972).
Muqdisho ayuu Xaajigu ku laabtay oo yimi bilowgii 1972. Waxa la
dejiyey Hotel Taleex. Saddex habeen oo keliya markii uu degganaa,
ayuu subax hore Xaaji Aadan gogoshiisa ka qaatay Hoteelkii,
gabaygan soo socdana tiriyey.

Gabayga waxa uu kaga hadlayaa sidii milgaha iyo maamuuska
lahayd ee loogu qabtay goobtaas iyo sidii ay ilwaadsiga isha ugu
roonayd ee haba yaraato'e aanu wax dhib ah ugala kulmin ee
haddana uu uga baxay ee aanu u doonayn goobtaas ku sii
noolaanshaheeda. Haddii uu qabri (dhufays) Ceerigaabo ah oo uu
muddo dheer ku jirey uu hadda ka soo baxay, Hotel Taleexna
wuxuu ula muuqday xabaal kale oo iftiin ka daaran yahay. Xaajigu

waxa uu diiddanaa inuu horseedo raaxaysi iyo nolol aanay haysan ummaddu ama dadka intiisa ugu badani. Dhinaca kale waxa u muuqatay in haddii uu hoteelkaas ku sii negaado oo naftiisa raaxaysi iyo macmacaan noocaas ah uu aynigan kaga oggolaato aanay hadhowto suurtagal noqon doonin inuu ka hadlo baahida dadka iyo duruufaha jira. Waxa dabadeed la dejiyey qol ka mid guryihii dawladda oo ku yaalley xaruntii hore ee SYL, xilli dambena waxa loo soo wareejiyey oo uu deganaan jirey guri kale oo ku yaalley waddada Maka Al Mukarama. Waxa uu yidhi

Irtifaaca meeshii lahayd aada iyo laydha
Oogadii halkii ay hawadu iiga imanaysey
Halkaan mawjaddii ka arkayiyo Aylankiyo xeebta
Meeshii ashjaartiyo badnayd ayda iyo kaynta
Meeshaad udgoonkii jannada ubaxa moodaysey
Anfacaba adoon cunin halkaad ku istareexaysey
Meeshii adeegyada badnayd edebsanoo fiican
Meeshii alaabtii la dhigay Uruba loo doonay

Meeshii xarrago loo ebyoo uunka wada deeqday
Meeshii iskaa lagu dhisoo guushu ku ebyoontey
Meeshii shirkii Uunadiyo Ururka weyn qaadday
 Meeshay isku arkeen raggii amarka loo dhiibey
Meeshuu guddoonshe u ahaa aaddanow Maxamed
Meeshii aclaantii la sudhay qaaradda Afriika
Meeshuu iclaankii Siyaad umamka gaadhsiiyey
Meeshii Taleex lagu ismiyo aayihii xarunta

Anigoon dhib arag oo waxan idhiba lay yeelo
Oo waxaan anfaco rabo dhakhsiyo edeb la ii siiyo
Aqalkii ka soo baxay halkaad igu ogaydeene
Ikraamkiinna qaataye naftaan ii aqabalihayne
Awooddaa ka gaabaniyo cimriga aynigaan jiraye
Hadduun baan ifka u soo baxee Aakhiraan tegeye
Waxaan ahay ninkii iilka galay Ceerigaaba ahe!

Rugta amarra weyntaa lehiyo duul ajaanibahe
Iskaa wax u qabsiyo meel yar baa iiga agab roone

Sidaasaan warkii ku abyey oo ii asbaabo ahe
Idna iga aqbala taagta waad iga arkaysaane.

AFKA HOOYO

Markii lagu dhawaaqay hirgelinta qorista afka Soomaaliga 1972,
ayuu Xaaji Aadan gabaygan tiriyey. Waxa uu ku cabbirayey
dareenkiisii farxadeed iyo qiimaha iyo lagama maarmaannimada in
afka Soomaaligu qoraal galo. Waxa uu yidhi:

Mudduu shacabku rabey inay af qoran magane yeeshaane
Kolkay madaxdu sheegtay xamdiyo mahad yidhaahdeene
Muxubbuu dadweynuhu la dhacay meeluu joogaba'e
Intay mu'ayideen bay haddana muusik u garaaceene
Waataa mashxaraddii guryaa laga maqlaayaaye

Mastar iyo Sinyooreba waxa beddeley magaca Jaallaa'e
Mubaayiyo la dhaaf nin yidhi taayadaa mudane
Layskuma masayro'e la tuur tay meseleyeene
Marmarsiinyo lagu soo gabbado meesha laga saarye
Waxa muuqday Soomaali oon midab ku dheehnayne
Nin waliba wuxuu maansadiyo malihi beenowye

Muddo boqol gu'yaa dhaqankaygu nagu magoognaaye
Maantuu bilow yahay codkeen oo laysku maamulo'e
Ka macaan maggaabada listiyo malabka Daaloode
Maskaxdii jirroon dayaxu waw madow yahay
In yar oo qalbiga maal ku leh baa ka murugoone
Waa mahadho taariikhi ah iyo madhax la tuugaaye
Ku mintida afkii hooyo waa lagama-maarmaane.

GOBANNIMO XARBAA LAGU KASBAA

Kanina waa hogatus iyo guubaabo u socota madax iyo minjaba
Soomaalida oo dhan. Hoggaamiyayaashii dawladda iyo shicibkaba

ayuu Xaajigu xasuusinayaa in helitaanka gobannimada ay ka hawl badan fara ku haynteeda iyo gufaynta qabyadeedu. Rag caddaalad baa deeqda ee in si xaqsoornimo leh loo wadaago wixii manfac iyo maskab ah dheefta iyo dhibkaba ayaa nuxurka gabaygu ku soo gororayaa iyo in loo daymo yeesho ninkii taasi u cuntami waydo ee ka hor yimaadda. Gabaygu waxa uu soo baxay 1972, waxanu yidhi:

Xarbaa lagu kasbaa gobannimiyo hawl xanuun badane
Sidii loo xafido baa ka adag in aad xoraysaaye
Xukaan daacadiyo waxay rabtaa xaqiyo miisaane
Iyo shicib xayaatad u socdoon hawsha xaaasidine

Ummaddii xaglaha labatiyo nacas xerayn waaye
Xoog waa in dawladi tahoo xoolo leedahaye
Waa inay xanuunkiyo jahliga kaga xoroobaane
Waa inay ku xeel dheer yihiin xaalka dibadaade
Waa inay ninkii xeelad wada xidhi karaysaaye

Xabsi daa'in waa inuu galaa maalka kii xadaye
Waa inaan xaq dhawr jirin halkay xumo ka muuqdaane
Waa inaan xogtood laga war helin ciidan xeriyaaye
Waa inay xafiisyada sirtood ku xafidnaataaye
Ninkii xoog ku daya waa inay xamagga gooyaane
Waa inay xushlaha soo qabtaan xaafadaa gale'e
Ninba ninkuu xigo waa inuu ka xukun ka qaataaye
Xabiib laysu yahay waa inay xaajo ku abyaane

Cadligu waa xayaatada dadkiyo xaqa ilaaheene
Ninkii ku xad gudbaa waa u cadow dawladdii xadaye
Waa inaan garsooruhu xukumin xaajo baaddilahe
Waa inaanu xaabqaad ahayn xaynka buuxsade'e
Waa inuu xujada fiiriyaa tii xaqiiqa ahe
Waa inuu su'aal ku xayiraa marag xumeeyaha'e
Waa inaanay xeel wada lahayn soo xereeyaha'e
Waa inaanu xalay iima iman xaawaley odhane
Waa inuu wixii laga xarrimay ka xafidnaadaaye
Waa inuu xantiisa ogyahay iyo xaalka loo qabo'e

Afka yaan dadweynuhu ka xidhan kii xumaan wada'e
Nin kastoo xaqii qariyey oo daallin ka xishooday
Xaqiiq waxaa ah inuu tuugadii xeel la leeyahaye

Saw wuxu xadaa maal dadiyo xoolo shicib ma aha!
Xil weyn baa mas'uulkii la jira meel ku xaadir ahe
Waa inay xubnuhu wada kasaan xaal ku waajib ahe
Waa inaanay xaal tacasubiyo xeebasho aqoone
Waa inay xuduudaha sharciga wada xurmeeyaane
Waa inay nin hawsha xasladiyo kii xunba arkaane

Xaddi dhaaf dhulka ah iyo dadiyo xoolo waxaa jooga
Rag yari ma xasladee waa in lays wada xilqaamaaye
Xaalkii qabyo ah waa inaan u xusul duubnaaye

Muslinimadu waa shay ka xor ah xumo dhammaantiiye!
Waa inaynu ku xidhiidhsannaa xeerka loo dhigaye
Xubno laaban khayr kama dhashiyo shaxaan xarriiqnaaye
Xabuub beera gaajada fashil bay xero wadaagaane

Xagaagiyo gu'giyo dayrta iyo xarawi jiilaalka
Xilli noolba roobku ha da'ee xoogga wada maala
Macdantoo xisaab li' la helo ciidda ku xabaalan
Xurfadaha batroolka iyo dahab loo xawilo baanka
Xaggayaga Ilaahow ku badi Xaakim baad tahaye
Xamdi iyo shukraan kuu khatimay ee xaqu ha guuleysto

FAALLADA SOOMAALIDA

Gabaygani waxa uu soo baxay badhtimihii 1972. Guud ahaan
waxa uu ka hadlayaa Soomaalida iyo hankeeda, kasmadeeda,
garashadeeda iyo garaadkeeda ummadnimo, iyo xidhiidhka ay
dunida la leedahay, cidda u sokeeye ah ama u nacab ah (xilligaas
1972 ama weligeedba), iyo cidda taariikh iyo ahaansho ay
wadaagaan iwm.

Xaaji Aadan Af-qallooc waxa uu tilmaamayaa in Soomaalidu ay

tahay quruun aan yeeli karin, una dul qaadan karin midiidinnimo iyo addoonsi, hiddena u leh xornimo jacayl. Waxa uu tusaale u soo qaadanayaa in Soomaalidu tahay Afrikaankii ugu horreeyey ee gumaysigii Reer Yurub is hor taagey ee u babac dhigay. Axmed Gurey iyo Seyid Maxamed Cabdille Xasan ayuu xusayaa iyo sidii ay ugu jilib dhigeen soo galaytiyadii dibadeed. Waxa kale oo uu tibaax ka bixinayaa halkii ay Soomaalidu haahaabaynaysey sannadahaas 1970-nada horraantoodii iyo halkii hiyiga lagu hayey ee loo geeddiga ahaa.

Xaajigu waxa uu gabaygan ku iftiiminayaa in Soomaalidu leedahay faham sarreeya, kasmo iyo garaad wadareed oo gaashaanqaad ah. Tusaale waxa uu u soo qaadanayaa in garashada Soomaalidu awood u leedahay hilaadinta halka hogol roob ahi ku hoorayso iyo inta ay le'ekaan karaan biyaha ka dhacayaa. *'Kasmo wadareedda Soomaalidu waa ta suurta gelisa' ayuu leeyahay Xaajigu 'in nin habeen madow aqal madow far ka taagay ay ugu yeedho Far-taag' ama ay ka hadliso ama la hadasho oo wax waydiiso tuke, haad-ka-adag, xidin xiito, gorayo, hud-hud ama libaax, dhurwaa, dacawo ama geed kurtin ama gurma go'an ah, dhagax ama quraarad iwm.'*

Waxa kale oo gabaygu sii iftiiminayaa in kasmada Soomaalidu gaadhsiisan tahay in dibadda iyo dusha sare uu qofka Soomaaliga ahi ka garan karo dooca iyo dareenka qofka kale waxa duunkiisa hoose ku jira isaga oo aan dibnihiisa kala furin oo aan la hadlin, nin kasta oo soo hagoogta oo humbaallaynayaana aanu qofka Soomaaliga ah dagnaan ku dili karin.

Xaajigu waxa uu ahaa nin hanweyn iyo hiraal cad ku gaashaaman, waxaanu aaminsanaa qofnimadiisa iyo kartidiisa inuu ku meel maro, sidaas darteed ayuu Soomaalida ku guubaabinayaa in aan la isku hallayn oo wax laga sugin gacan shisheeye iyo cid kale oo wax ku siisa. *'Yaan raad arooryo dib loo raacin ee hore ha loo sii socdo iyo weli lama gaadhin halkii loo hayaanka ahaa'* inta uu yidhaahdo ayuu ku baaqaayaa *'in hoobaantii la goosan lahaa ay ka horrayso hawl badan oo la qabtaa.'!* Waxa uu ku bilaabay:

Gobannimo hidday noo tahaye haatan maan barane
Afrikaan Qarbi hor-joogsadaan ugu horraynaaye
Halyaygii Guraa naga dhashay ee haybada lahaaye
Wuxu Boortaqiis kaga lib helay haradii Koongoode
Intuu beled hantiyey buugaggaa laga helayaaye

Sayidkii intuu himmad la kacay huri dagaal weyne
Fardihii u heensee jahaad loo haloosiyaye
Isagoon hubkana loo samayn lacagna aan haysan
Soddon sano kufaar la halganyoo ku hawo geeraarye
Hadhuudhkaa ka badan foosyadii haadda loo wadhaye
Nin walaalkii boqontuun hayaa heeggi socon waaye
Innagaa hallaynaye Qarbiga haanka kala gooye
Kolkii uu ka haajirey bariye hilinka dheer aaday
Halkuu rabo gumaystuhu ku sheeg hadalladiisiiye
Isagaa horseedaye xornimo sooma hoyateene
Nin kastoo hagaag wada abaalkiisa wuu heliye

Maantana hiyiga Geeska waa loo hanweyn yahaye
Rag horuumar jecel bow kacoo lagu halleeyaaye
Hoggaanshuu rabee shicibkayagu waa horuusocode
Wixii naga habsaamiyo dan baa haatan loo kacaye
Ka hakade gumaystuhu waxay ku hammiyaayeene
Kolkay dawladeennu hirgashay naga hulleeleene

Hantidii na deeqdoo dhulkii maanta waa hodane
Hoggii amahda lagu sheegayiyo hadalkii beenowye
Annagaaba hibo siinna qaar noo halaanhalaye
Halkii la arko shirarkaan tagnaa haybad leennahaye

Rag halleeyey amarkuu lahaa ceebi waw halise
Nimankii hadhayn jirey kursiga nama hor-joogaane
Halkii nabadi taallaan khalqiga ugu horraynaaye

Hidduu damac u yahay dawladaha hodanka sheegtaaye
Waxay u hirdamaayaan dhul aan gaadhin heer sare'e
Hannaankaa u kala gooniyey midiba waa haabe
Nin masaalix kugu haysta iyo halabe mooyaane

Ninna inuu adduun kuu huraa waa hal soo gudhaye
Ninbase mid u habboon baa jirtuu ku hiyi raacaaye
Dar baase ku holliyoo waxaan ku qaban kuu hadoodila'e
Haddii aanad 'hus' odhan qiimahay hoos u ridayaane
Wuu daba higsanayaaye Jarmali hiirto ma lahayne
Waa waxaa Ameerikaba hawirey cadho hinaaskiiye
Weli way hibtaan faalladay ku hindisoodeene
Nin kaloo handadayow ma jiro waxaad helaysaaye

Dadkayagu hubaal fahamka way ugu horreeyaane
Hilaadday gartaan roobka da'a Hiij intuu yahaye
Habaaska iyo qiiqaan naqaan kii ku hoos jira'e
Nin habeen far keli taagey baan hees ku werinnaaye
Horu-arag tukaan leennahayiyo daymo haad-adage
Ninna na lama helo tuuryo uu soo hummaajiyaye
Hamhamtaan ka garannaa dibnaha hadal la'aaneedee
Nin kastoo humbaallaynayaan 'hooy waryaa' nidhiye!
Himhimowgu meeshuu ku jiro wayska hubinnaaye
Nin keliyoo na hoosaasiyaan hooyadiis dhaline
Ma halmaami karo xaalkayaga hayb nin noo lihiye

Hunnufaa dhurwaa iyo dawaca daba hadaaqaaya
Midna inuu dagnaan naga helaa waa ka habartiise
Ma hanyarine waxaan tiigsannaa heegadaa sare'e
Halka dhexe xayaad inaanu nahay waa hurti la'aane
Sadiiqse nala heshiiyiyo cadawga boqonta heeraaya
Mid waliba halka u waajib ah buu naga helaayaaye

Gobannimo ninkii haybiyaan 'hoo' gacmaha nidhiye
Hindiya iyo Bakistaan markuu joogey hadalkoodu
Ma hamrane codkii baannu nidhi nagu habboonaaye
Hawlihii Rodhiishiya markii la isku haaraamay
Hindisahayagii baa helay qabuul hirashadiisiiye
Halhaleel u yidhi 'Fiitadii'Hiid intuu baqaye
Waa hadafkayga inaannu tacaddi ka hor-nimaadnaaye

Inay guul helaan Carabtu waa u himbilyoonnaaye
Xidhiidh noo horreeyaa jiriyo haab islaamnimo'e

Hadnaba aamin ma lehoo Qarbigu waana la hubaaye
Nin ku diley hadh kuma geeyo oo horeba loo sheegye
Kuwaan hawl-wadaag nahay ee Ruushanku hoggaansho
Horumarinta iyo hiiladaba waan kala helaynaaye
Umana handanno'e shaqadayada waan hirgelinnaaye
Iyagaba hantidu waa yar tahay waxay ka haystaane
Kuuriya waxay hidin karaan la hakan maayaane
Hagar li'i kolkii laga arkiyo daacadda hagaagsan
Ha-noolaado 'Shiinuu' dadkii haatan leeyahaye
Ka hufnaade dawlado kalaan uga hanweynayne

Afriiqaya halkay tahayba way hilib wadaagtaaye
Waysugu hilowdaa dantiyo heerka guudnimo'e
Hayeeshee dhibaha hoose iyo hawsha gudahooda
Weli kuma hammiyayaan inay kala hagaajaane
Hanti anu lahayn ruux hadduu waaya badan haysto
Hagar li'i inuu dhiibi karo waanu hidinayne
Kan lihina sidaa kuma hadhoo waa halgan u joogee
Walaalaha heshiiyaa mar uun bay libinta hooyaane
Rag iyaguba haad eegato ah oo dhac kala haysta
Inay baadi wada haybiyaan waa hal aan dhicine
Ninba wuxu hayuu kii lahaa hoo yidhaa wacane
Haddii kale is raacu waa u halis godob horoo taale

Inkastaan siyaasado hammiga ka hiyi faalooday
Oon qoloba dawgay hayaan hore u soo sheegay
Hawraartu uma jeeddo axad loo halaan-halaye
Habka umamka iyo xaal adduun waa hundo ogoowe
Waxba yaan heblayn dawladaha hayb kastay tahaye
Waa hogatus waxa aan idhi iyo heeri-guudnimo'e
Wixii hadhay hal igu waajiba oo teenna ku habboona
Layskuma hallayn karo waxaan muruqu soo hoyne
Hadduu aadanuhu wuxu hayoo hibo ah kuu dhiibo
Ninkii gacan la hoogaansho sugey gaajo waw halise

Hurdo iyo mucaawimo ajnebi horeba loo eedye
Himmad iyo dedaal wada jiraan hodan ku gaadhnaaye
Ninna kuma harraad baxo biyaha hoo la leeyahaye

Waxaad ka hirqataa labada sacab waxay haleelaane
Inkastaan tallaabo hor leh iyo kaalmo badan hayno
Weli waa horraysaa rugtii loo horseed tagaye
Hoobaantii wax inooga hadhay hawlaan qabanaaye
Kolkii uu raggii hore hayuu habacsanaa xaalku
Kuwaad u handanayseen hadday idin hoggaansheene
Ku hanuuna waataa xornimo haanta loo culaye.

TAARIIKHDA AADMIGA

Sannadkii 1972-kii ayuu gabayganina ahaa. Nuxurka gabaygu ka
hadlayaa waxa uu ku saabsan yahay in kala dambaynta, ilaalinta
cadliga iyo socodsiinta sharciga, xasilloonaanta iyo habsami u
socodka hawlaha dawladeed u baahan yihiin awood iyo xoog
dhaqan geliya oo laga waabto. Dhinaca kale waxa uu wax ka
tilmaamayaa qiimaha isku duubnaanta iyo wada jirnimo iyo
guuldarrada tafaraaruqa iyo kala taggu leeyihiin.

Danta guud yagleelkeeda iyo taabba gelinta hiraalka ummadnimo
ayuu Xaajigu gabaygiisan ku iftiiminayey, waxaanu Soomaalida ku
farayaa waxqabsi iyo dedaal lagaga kaaftoomo in loo gumooba
gacan hoos dhigashada kaalmada shisheeye. Gabaygu waa wada
hummaagyo iyo qurxiyayaal wada farshaxan ah oo xigmad ku
wada xiddaysan. Waxa uu yidhi:

Taariikhda bini aadmigee tirada weyn gaadhey
Wixii taliyey xoog buu ahaa taniyo Haabiile
Marna lama tax-gelinayn daciif toog[1] la joogaba'e

Weli taqiya[2] sheekh taa'ib ah[3] iyo Nebi tansiil[4] keenay
Midna looma tudhin inaan warmaha lagaga tiinbayne
Sharcigaan quwadi tiirinayn meella tegi waaye
Wax taxaaba diintiyo cadliga toobigaannada'e[5]
Gartaan moote taageerahayn tororog[6] weeyaane
Ta qudhay maqlaan waa madfaca maaha tooy hadale

In kastuu mabda'u toosan yahay tamar hadduu waayo

Waxba cadawgu kaagama taro'e taadu waa madhane
Xaqaan taag lahayn lama helo iyo toogo kaa dhimane
Tuuryaaba lala gaadhayaa teenna qaar maqane

Tu kastaba ha joogee khalqiga tahan Ilaah uumay
Tagoog wada shaqeysiyo cilmay tamar ku yeesheene
Hadday iniba meel taagan tahay tahar ma gooyeene
Ummad kala tagtaa lagu falaa tii la doonaba'e
Waa tanay Afriiqiya badhkeed weli la taahdaaye

Mar haddaynu toosnoo wixii tegey la maydhaabo
Oo Tawraddii iyo shicibba loo tartamay hawsha
Tallaabada in hore loo dhigaa waa tu waajiba'e

Ragannimo turxaan li'i ma jiro axad ku taamaaye
Tubta sharafka loo maro wax yaal taar biroo adage
Tog cidhiidhiyaa kaa xigiyo tuur libaaxyo lehe
Tayeyso iyo dhiirraad cabsida kaga tallowdaaye
Tu kastoo bilow ahi dhib ways kala timaaddaaye
Tun xadiid ah iyo bay rabtaa ruuxan loo tudhine

Tanka waxa ka weyn baa casmiga lagu tammeeyaaye
Ummad taqaddum doontana mar way turunturrootaaye
Taas baa digniin laga bartaa taxaddir eegmada'e
Tu qadhaadh adoo soo maraad tii san garataaye
Tanba maanta lama waafaqeen tii horaan dhicine

Markuu reer hayaan dheer tagee tabaqle loo guuro
Isagoon dhibaatoon ma dego guri tigaad weyne
Tu yar maaha qoom tamanniyoo ta'akhur diidaaye

Ninka hawd qadhaabka u tagee tiigsadaa yicibta
Midkuu taabo yidhi waxa ku mudan toban fallaadhoode
Malab kalama tago niman shinnidu tiinbin miciyaaye
Tiirada adoo buur koraad tahan ku xiiqdaaye
Kolkaad guudka taw uga tidhaad taada bogataaye

Tawfiiqdu waa urur kolkii laysku tiirsado'e

Isu tegid dugaal waxa ku filan tuu aboor falo'e
Taagtaad ku aragtaan guryuu tahan bineeyaaye
Ninna ugu ma tago oo qalcado teedsan buu galaye

Qudhaanjaduba geeday taftay tacabka geysaaye
Taana waxay u dhigataa markay dhibi timaaddaaye
Tamartu waa dedaalkiyo kartiye maaha turuq weyne
Nin laxaadku taam wada yahow taajir baad tahaye
Tagooggaagu waa hodan adoon taagta maanicine
Adaan ruuxna taakulo ka sugin taada kula soo bax

Culimada wax loo tirinayaa ta'akhur weeyaane
Kitaabkii wax lagu tuugi jirey tii hallaga daayo
Ninka taako taakiyo diraac tii walba u jooga
Ee sida aqmaar togan hawada tahani duulaaya
Inta uu carshiga tagahayuu kor u taraaraayo
Dhulkii wax ha ku taro suufigaa timaha dheereeyey
Macdantaa arlada taalla ee meel kastaba toonsan
Rag ninkii karaamiyo tuflow teenna ku hagaaji
Turaabkeenna dahab baa ku jira taa hallagu gaadho

Tanaan maanta qabannaa berray tahay asaaskiiye
Dhasheennay caqiibo u tihiyo tii ay mahadshaane
Tagoogada kan weli kaaga jira tacabkii weeyaane
Taaduun ha eegine dantaa taabbayeelka lehe

Haddii aad wax tabanayso waa inaad tilmaantaaye
Tiraab aad la yeedhiyo waraaq boosta lagu tuuro
Tii aad samaysaba jawaab toosan baad heline
Mar haddaad tabaaliyo dhibiyo tawsaan jirin sheegto
Oo aad tuhun abuurto iyo ceeb kala tagnow jeeddo
Inaad cadow dhulkeennii u tahay taasi waa marage

Waxaad tahay tacluusiyo jirradu nimay taftaafeene
Inaad toobbad keentaa ka roon taad i leedahaye
Kula taliyey waanaduna waa tii walaalnimo'e
Shaydaanka kugu taagan baan kaaga tudhayaaye
Tambiih baan ku siiyiyo xaqii taabudka ahaaye

Wixii uu Iblays kugu tufaan tuur ku leeyahaye

Mabda'a toosan iyo wada-jirkaan taabac leeyahaye
Itixaad inoo tamar galaan tiiri leeyahaye
Tuna adoon maqlayn faalladaad igu taqdiirayso
Ma togna'e malaha waxa ku yidhi tuug af-dheera ahe
Tiraabkii jinkaad maqashay iyo daasadduu tumaye

Dayaxoo caddadu taam u tahay oo tahan ka nuuraaya
Gudcur bay la tahay nimu indhaha cudur ka tuuraaye
Tallaahaan ku dhaartaye haddaad taa ka hadhi waydo
Taawintii cuquubada dalkiyo tawsta waad dhimane.

....

1. *Toog:*   *xilli, wakhti ama duruuf lagu jiro*
2. *Weli taqiya:*   *weli Alle ka cabsada*
3. *Sheekh taa'ib ah:* *sheekh caalim ah*
4. *Nebi tansiil sheega:* *Rasuul xujo iyo kitaab la*
                        yimaadda
5. *Toobi-gaanno:*   *qoryo darandoorri u dhaca (hub)*
6. *Tororog:*   *hadal-tiro badan*

....

WARQADDII SUWEYSARA

Suweysara waxa looga jeedaa dalka Zwitserland oo aan isagu ka mid ahaan jirin labadii gaashaanbuurood ee Warsow iyo Nato. Waxa waddankaas ka hanaqaaday Bankiyo madaxda adduunku, siiba inta badan kuwa dunida saddexaad, ay ka furtaan xisaabaad qarsoodi ah oo ay lacago badan oo ay lunsadaan ku kaydsadaan.

Sida gabaygani soo bandhigayo malaa bangiyadaas ayaa xidhiidh la soo sameeyey hoggaamiyihii kacaanka Maxamed Siyaad Barre intii uu sumcadda lahaa, dadka intiisa badanina ku taageersanaayeen hannaanklii uu wax u wadey. Gabaygu waxa uu tilmaamayaa diidmo uu Maxamed Siyaad ka muujinayo warqad uga timi Zwitserland oo sida gabayga lagala soo dhex bixi karo ka hadlaysa arrimo sir ah oo dhaqaale la xidhiidha. Arrintaas diidmada ah ayuu gabaygu ku bogaadinayey odayga, isaga oo tibaaxaya in qolyihii hore ee la inqilaabay ay si sahlan hoggaas ugu siiban lahaayeen.

Waxa kale oo gabaygani soo gudbinayaa hadimooyinka kala tagga, tafaraaruqa iyo khilaafka ka dhasha iyo qiimaha ka siyaada wada jirka, is maqalka iyo kala dambaynta. Tusaale waxa uu soo qaadanayaa Israa'iil iyo Carabta. Dhawr milyan oo boqollaal milyan cadaadis iyo cabudhin ku haya!

Ugu dambayntii waxa uu madaxdii xilligaas uga digayaa gabaygu in la qaado dariiqyo weecsan, isaga oo tibaaxaya in ay jiraan mas'uuliyiin durba qarda jeexaysa oo u dhol014ysa laba-eefkii iyo sed bursigii ay u barteen. In weedhaaminta iyo hawadinta talada iyo hawlaha qarannimo laga ilaaliyo waxyeello oo miyir wax lagu wado, ayuu gabaygu tibaaxayey. Sannadkii 1972 ayuu curtay, waxanu yidhi:

Waabihii khalqiga lagu dhacaye lagu waxyeelleeyey
Oo madaxda lagu wiiqi jirey waxay adduun hayso
Waallida Suweysara Siyaad weedh u soo dira'e
Wuxu qariyo iyo bay rabeen waxay ka qaataane
Nin kalsooni shicibkiis watoo weeran baa helaye

Goortuu waraaqdii akhriyey weri sirtoodiiye
Dar kalaa ku waafiqi lahaa waxay u sheegeene
Waa kii wargeysyada ku qoray waxay yidhaahdeene

Waayeelladii buu digniin siiyey waafiya'e
Warkoodii ku noqay caalamkii waaga daalacaye
Wadhi baa ka raacday iyo ceeb waxay sameeyeene
Isagiyo rag badi waafiya oo Golaha weyn jooga
Wacad bay galeen daacadnimo in aanay weydayne
Ameerikaba "wax noo qariya" bay sharaf ku waayeene
Iyaguba wixii kaga dhacay bay cadho wareereene

Waddankii hagaajoo dhulkii waa widhwidhayaaye
Wadeeciyo abaartiyo jirradii Weyne naga saarye
Mabda'a lagu walaaliyo xaq baa laysku waafaqaye
Waa wada-jir guushuye ninkii waaya baa luma'e

Wax yar oo Israa'iila baa waalay carabtiiye
Waa boqol malyuun nimanka ay kaga wareersheene
Wedkoodii khilaaf baa noqday sharaf ku waayeene
Wanaag ma arko shaydaan nin ay ficil wadaagaane
Waddadii habboonayd kuwii gooni uga weecday
Oo wacad Ilaahood ku furay waajibkood hele'e

Ha la waayo Soomaali nimaan wadin islaaxeede
Dadweynuhu wixii loo qabtiyo garey wanaaggiiye
Maskax wada hanuuntiyo shaqaa la isku waanshaaye
Darse wadaa'if waaweyn hayoo weecsan baa jira'e
Halkii geedka weyn laga jaraa weli xasyaallaaye
Nimankii wax boobka u bartaan waafaqayn xaqa'e
Nin dhergaa baa dhibaatada wadoo waayey laba-eefe
Iyagaysku wadaree ma jiro waxay maqlaayaane
Wacyi baa dadkii yeeshayoo waayihii aragye

Waddankii sidaad u horkacdeen wahankii soo dhaafye
Werwerkiyo dhibaatooyinkii waa san baa xigaye
Ka waantowney 'way' iyo haween weercad loo xidhaye
Intaad wada jirtaan baa xornimo waafi noo tahaye

Nin waxyeelladiin doonayaba waayir haw go'o'e
Markaad talada weedhaamisaan haysla waayina'e
Wax kastoo dadkiinnii fartaan way la weyn tahaye
Weynaha Ilaah iyo Xaqaad weheshanaysaane
Wada shicibka guri khayr qabaa wax u horseeddeene

MABDA'

Gabaygani waxa uu muujinayaa fikradihii uu Xaaji Aadan Af-
qallooc ka haystey hawadinta hawlaha dawlad casri ah oo raacaysa
majiire ka duwan habkii tolalka iyo hiilada qabyaaladeed ee
Soomaalidu u dhaqnayd, isla markaana lagu ballaysimay dawladihii
talada waddanka mayalka u soo qabtay sagaalkii sannadood ee
gobannimada ka dambeeyey. Markii ay askartu talada inqilaabka
kula wareegeen waatay qabyaaladda dagaalka ku qaadeen, una
jeesteen in ay dadka u hawl geliyaan horumarinta dalka.
Waddaniyaddii uu haddaba Xaajigu ku tilmaannaa waxa ay la fal
gashay arrintaas oo si weyn u soo jiidatey, gabayganina waxa uu ka
mid ahaa gabayadii arrintaas ka curtay. Waxa uu gabaygu soo baxay
1972, waxaanu yidhi:

Hubka soomajeestuhu sitiyo holaca baaruudda
Nin loo soo hagoogaaba waa ku hafanaayaaye
Nin hayaanka naga reeb yidhow waanad helahayne
Soomaalidii waa hal qudha waana la hubaaye
Hog dheer baa qabiilkii la dhigay hibashadiisiiye
Horaa looga maray tacasubkiyo hiilki reeraha'e
Ninkii taa isku hallaynayow waa habeen dumaye

Hayaay iyo kursaa layga dhacay haatan la illowye
Hebel baa la diley iyo ma jiro haad wax cunayaaye
Shicibkii la hoosaasin jirey hele xaqiiqdiiye
Mabda' lagu hanuunshiyo dan baa lagu hoggaanshaaye
Ragaan saacad ka habsaaminoo hawl karaa wada'e
Hurdadii ka toosiyo fashilka hadimadiisiiye
Hannaan dawladnimo oo taqaddum laa loo halgamayaaye
Durba waxaannu haabhaabannaa heerkii Shiinaha'e

Hinqadkaannu boodniyo warkay Qaaradduba hayso
Hiyiga maanta Geeska Afrikaa loo han weyn yahaye
Rag horumar jecel baa wadoo lagu halleeyaaye
Hadba madaxda qaar bay mid uun hibadu raacdaaye
Halkii Naasir waa kaa Siyaad haysta jagadiiye
Ha-noolaado hanad daacadaa noo horseeda ahe.

MURTIDA HADALKA

Siyaalaha kala duwan ee noolayaashu farriimaha isugu gudbiyaan
ayuu Xaajiga gabaygan wax kaga taataabanayaa. Faraha, indhaha
iyo xubnaha kale ee jidhka qaarkoodba wax baa la isugu gudbin
karaa, waxse taas ka xoog badan hadalka oo si qotodheer la isugu
fahmi karo. Soomaalida dhaqankeeda hadlaaga ahi si xeel-dheer
ayuu weedha codaysan u adeegsadaa, waxse Xaajigu gabaygan ku
muujinayaa in xuruuf Laatiin ah oo 31 ka kooban oo qoran hadda
hadalkii yeeshay oo qoraalna ka mid noqonayo isirrada muhiimka
ah ee Soomaalidu ku wada xidhiidhayso. Libtaas weyn oo ku
beegnayd hirgelintii qorista Farta Soomaalida ayuu soo
bandhiggeeda Xaajigu gabaygan uga gol lahaa, waxaanu curtay
sannadkii 1972. Waxa uu yidhi:

Muwaashigu wuxuu kugu gartaa midiyo heestiise
Muyuusigiyo foodhiduna waa shay macaani lehe
Wax carruurta madadaalo tara miday taqaannaaye
Miyuul faraha lagu taago oo meel maraa jira'e
Maacuunta bahaluhu wid bay marar ka waabtaane
Intaasuba mafhuum weeye iyo maamul gooniyahe
Maqsadse laguma gaadho iyo dantii loo muxtaaj yahaye

Hadal waa murti iyo faallo iyo wariyo maadayse
Iyo waxa baryada lagu masliyo duco la muujaaye
Midna waa calaacal iyo baroor ay murugo keentaaye
Intaasaa codka u muula oo lagu macneeyaaye

Mataanaha xuruuftoo soddona waa midh waxa dheere
Hal waliba milguu leeyahoo odhaah ku muujaaye

Maskaxda iyo laabtiyo wadnaha meel kastaba ruuxa
Sida ilaha maaxduu xubnaha ugu mushaaxaaye
Xididdo murugsan mawjado bad ah iyo maylinaa wada'e
Dalqaduu ku kala miirmo buu mudan ku yeeshaaye
Hadba maanku wuxuu doonayaa soo mufhuum baxa'e
Kolkaasuu af lagu maamuliyo muhindis doonaaye

Carrabkaa midiidin u ah ooy dibintu miistaaye
Mudaabaqo qorriin iyo higgaad labada meeloodba
Laatiinkaa munaasib u ah oon lagala maarmayne
Muslinimo iyo luqoo la qoro midiba waa xawle
Ninkii muramka doonaa si kale wax ugu muuqdaane
Macrifiyo aqoon wada jir ah iyo maahirraa dhigaye
Mintid iyo dedaal baa ku wacan meesha uu tegaye
Waa magaca Soomaaliyeed dhaxal u meel yaalle
Mabda'ii cilmiga lagu dhisuu noogu meel maraye
Madaxda iyo Golaha nagu amraan mahadinaynaaye
Eebaw muwaafaqo na sii Maalig baad tahaye.

SALUUGLA'

Sannadkii 1973 waxa arlada Soomaalida ka curatay Silsiladdii
maanseed ee la magaca baxay Siinley oo ku saabsanayd
dhoollatusyo af iyo suugaaneed, iyo sarbeebo siyaasadeed. Hal-
abuur gaadhaya dhawr iyo toban maansoole, ayaa silsiladdaas isku
haleelay oo foodda isku daray. Waxa gabyaagii Siinley ka qayb galay
ka mid ahaa Alle ha u naxariisto'e abwaankii Xaaji Aadan Axmed
Xasan (Af-qallooc) oo kaga qayb qaatay masafadan Saluugla'. Cabdi
Aadan Xaad (Qays) ayay Saluugli uga jawaabaysaa tixdiisii Suubban
ee mudduciga ku ahayd tii Maxamed Ibraahim Warsame
(Hadraawi) ee Saharla'. Hal-abuurka Siilnley ku wada hadlayey
waxa kale oo ka mid ahaa: Siciid Saalax Axmed, Alle ha u
naxariisto'e Ibraahim Saleebaan aw Maxamuud (Gadhle), Maxamed
Xaashi Dhamac (Gaarriye), Maxamed Cabdillaahi Riiraash, Xasan
Cilmi, Alle ha u naxariisto'e Cali Saleeabaan Bidde iyo iyana Alle ha
u naxariisto'e Caasha Jaamac Diiriye oo ahayd gabadhii
tarraxaysey hal-abuurkii laboodka ahaa ee Siinleyda.

Maansooyinka Siinleyda waxa ka mid ahaa oo loo aqoonsaday ibo-furkeeda:

Waan soo socdaa kow dheh
Waxna waan sidaa laba dheh
Saxarlaay ha fududaan
Samir yeelo weligaa
Tixdii 1aad (Hadraawi)

Iyo tii labaad ee tan hore jawaabta u ahayd ee Cabdi Qays lahaa:

Waxay Saxarli kugu tidhi
Ninka soo socdow joog
Waxaad soo siddana celi
Anigu waan sal fududee

Saluuglina waxa ay tidhi:

Cabdaw waysa seegteen saaxiibkaa Hadraawiye
Sababtana adaa laan garan siduu u jeedee
Faalladii sirta ahayd si kalaad u fahantee
Taladeenna siman baad suul-dhabaale mooddee

Sogordiha iyo caddaankaad kala saari weydee
Bishiiyoo saddex ah baa soddon kula ahaataye
Sagal baad daruur mooddey saakaba da'aayee
Surwaalkuu lahaa gabaygu adigaa ka saaraye

Waa sixirka oo kale si xun wax u tilmaamee
Sufuhada[1] iyo doqontaad dariiq uga samaysee
Su'aal adiga kaa weyn sahal looma celiyee

Adigaan dawada sidan maasha[2] lama saraaye'e
Nin shimbiro sabaayaa wadhaf kama sanqadhiyee
Hashii aan sedkeed gaadhin sidig laguma sheegee
Lama socotid Sugulliyo saaxiibbadiisee

Sidii subagga loo helay salow[3] baa bilowdaye

Haddii timaha lagu sugo madaxu saxar ma qariyee
Sidaadow maqashay mooyee dhakadaa la seemaye

Waa sixinta sharafteed soori inay dhammaatee
Saryankiiba[4] waa halis sidan maanta joogta'e
Ninkii curuqa[5] siday baa sed-bursiiyo doonee

Saxarlaay ha fududaan sidaad mooddey maahee
Siddida iyo heelladu waa wax kaa sokeeye'e
Sooyaanka aad tidhi marna samay ma waayine

Ka sidaana ma hurdee sooma-jeeste weeye'e
Ma seexane Cambaro Sagal samaday u booddaye
Sahankeedu wuxu gaadhay saxalkiyo[6] mariiqee[7]

Subax noolba waxa jooga saacad qudha ma mooga'e
Samrina mayso jeeray suubban u ciyaartee
Siciida iyo Deeqina sacabka way ka boodiye
Wuxuu soo sidaa odaygu waa siyaakhadoodee[8]

Siinka iyo saadkaad kala saari weydee
Ninka soo socda ha celin sarbeeb weeye heestuye
Wuu soo socdaa kowdhe waxna wuu sidaa laba dheh;
Saxarlaay ha fududaan sidaad mooddey maahee.

....

1. Sufahada:	kuwa aan afkooda xumaha uga tudhin
2. Maasha (maal):	cudur fiixda oo kale ah oo gaar ahaan xoolaha ku dhaca
3. Salow:	qaylo dheer oo dhiillo sideen ah
4. Saryan:	labka Biciidka
5. Curuq:	cudur caajiska ka dhasha
6. Saxal:	1. xiddig 2. cashi iyo xanuun
7. Mariiq:	xiddig
8. Siyaakhad:	qurxin

....

MIYAAN LAYS DULMIYIN

Gabaygani waxa uu ahaa horraantii 1970-nadkii. Waxa uu Xaajigu si ballaadhan ugu soo gudbinayaa muddarrooyinkii badnaa ee sagaalkii sannadood ee gobannimada ka dambeeyey ay ku tallaabsadeen nimankii hoggaanka iyo talada dalka u kala dambeeyey, taas oo ay ahayd in markii dambena laga feejignaado. Dhinaca kalena waxa uu ka soo dhowaynayaa isbeddelladii waddanka ka dhacayey oo ugu muuqdey in ay daweynayaan haarihii iyo caabuqyadii dadka maanka kaga yaalley. Waxa uu yidhi:

Dubaaqooyinkii nagu dhiciyo diiftii nagu raagtey
Nin kastaa hadduu dib u fekero waa damqanayaaye
Ma doonaynno dib u gaabin iyo diliyo laaluushe
Miyaan lays dulmiyin oo sharciga laga dabayl raacin,
Miyaan doorashada faasidka ah duunyo lagu iibsan,
Miyaan reer miyiga laysku dirin dibadda guuraaya,
Dabka miyaan la siin baadiyii nabadda doonaayey,
Miyaan laysku dilin saanadduu dirayey waayeelku,
Miyaan daacaddii iyo runtii beenta laga dooran,
Danaystiyo afmiishaar miyanay dad ugu fiicnaannin,
Doonyuhu kootarbaan miyanay soo daldalahaynin,
Dibitaati kaan wadan miyaan shaqadii loo diidin,
Dad ninkii la dhaco xadhig miyaan loogu darahaynin,
Dedaal inan faqiir dhalay miyaan kii dibbiray qaadan,
Miyaan diinta magaceeda shilin lagu dillaalaynin,
Dariiqyada miyaan tuugo iyo colalka loo daynin!

Dacwaduhu miyay lacag ahayn laysku daafacayo,
Dabagaab miyay na xukumayn gaadhi lagu doono,
Distoorka iyo qaanuun miyaan doolarka ahaannin,
Dadku wuxuu filaayiyo miyaan nololba loo diidin,
Nin damiir leh mooyee miyaan ruux la dayi waayin,
Dibjirkiyo agoomihi miyaan dibadda loo tuurin,
Dalku halis miyaanu gelin intii dawlad lagu sheegay,
Sawkii sidaas wax u debberey dibusocdihii mahaa!

Haddaan lagu dirqiyin Xooggayagu amar ma dooneene

Dadweynuhu markuu qayliyuu maamulka xun diidey
Oo dawladnimo halis gashay qalabka doonteene
Wax ma diline ceebtii horay naga daweeyeene
Degdegiyo kartay wax u qabteen daacadda Ilaahe
Nin dafiri karayaa ma jiro inay dadaaleene
Dalkii baw markhaatiya siday wax u daryeeleene

Ishtiraakiyaan doorannoo diidnay kala sooce
Dadkii hawl-wadaag buu noqdoo arag dariiqiiye
Dabaqad iyo laandheer ma jiro axad ku doodaaye
Qudhii kelidii nolol doonayiyo daaqsadaa dhacaye
Ka dawowney qololo wax badan dilayey Soomaale
Dabcigii gumaystuhu na baray dabarka loo gooye
Isticmaarkii nagu soo dirraa duubey gogoshiiye

Wax kastoo dhulkii doonayaa loo dagaal galaye
Daaraha ebyoomaa ka badan doogga soo baxaye
Dumar iyo rag hawl wada jiraa loo degdegayaaye
Dabkii baxayey laga raysey iyo coliyo duullaane
Dunidii ammaan noqotayoo laysku soo durugye

Dhaqankii daboolnaa haddeer daaha laga qaadye
Afkii layska daayaa qormoo buug ku daabacane
Fankaa daawashada looga yimi dalal shisheeyaade
Afrikaanku waa nagu daydaan dunida joogaaye

Danbas buu dhaqaaluhu ahaa dayna weheshaaye
Maantana bunuugtaa dafoo duunyadaa badane
Dadba sharafkayaga waa ogyahay xaalka dibadaaye
Derejada labaad Uunadaa[1] Caabbi[2] loo diraye
Dacdii webiga laga soo xidhaa deeqday aradkiiye
Durraa iyo gallaydaa batoo dalaggii xoogowye
Dahabkiyo naxaastii la helay muunaddii dira'e
Badda daakhilkeedaa batrool sahan ka doonnaaye
Dusha waxa ka muuqdiyo wixii daafta ku xambaaran
Dalka inaynu kala soo baxnaa loo diyaar yahaye
Dayaxa inaynu gaadhniyo cirkaa laysku deyayaaye
Doc uga baydha yuu idin la tegin shicibku waa daade.

....

1. Uuniyada: *UNO, Jimciyadda Qarammada Midoobey*
2. Caabbi: *Cabdiraxiim Caabbi Faarax, ku xigeenkii*
                      xoghayaha UN ee Xilligaas

....

XILLIYADA

Gabaygani waxa uu ka hadlayaa wakhtiga ama xilliyada iyo
cimilada, xiddigaha iyo maluugta, cilmi felegga iyo saadaasha
hawada, roobka, abaaraha iwm, iyo xidhiidhka ay la leeyihiin
nafleyda iyo noolayaasha kale dad iyo duunyaba. Gabaygu waxa uu
tilmaamayaa in xilliyadu ay u kala duwan yihiin sida ummaduhu
dhaqanka iyo hiddaha ugu kala geddisan yihiin. Aqoontaas uu soo
gudbinayo ka sakow waxa uu kaydinayaa kelmedo badan oo
qaarkood aan dad badani isticmaalin iyo kuwo kale oo iskaba
tasoobay. Sannadkii 1972 ayuu soo baxay, waxaanu yidhi:

Caddaan iyo madow uumiyaha ciid kastaba jooga
Ummad waliba curuf[1] gooniyiyo caaday leedahaye
Soomaali camalkeedu waa cuuday dhaqataaye
Cindigooda sebenkaa afara qaarba cayn yahaye
Mid kastaba arrin u caana baa lagu la ceeshaaye

Gu' cusbaaday dhawr xaaladood baw calaamadahe
Caqrabkiyo[2] lisaankoo dhacay laxuhu[3] ciiraane
Cadceeddaa kul badan yeelatood cago gubyootaaye
Cishaa iyo allaylkuu dhacaa foore[4] ciid lihiye

Marka luga casaha xiid[5] yamuu ciyowgu sheegaaye
Wax curraafku[6] daydada[7] arkaa goor cawaysin ahe
Cir-guduudda[8] sagal muuqday buu ku cimro qaataaye

Baddoo caratay baa mawjadaha caad ku ururaaye
Kolkaasay daruur caafimaad soo cammirantaaye
Fad cadiyo nuglo casuus[9] lahoo ciira laa yimide
Heegada carcoorriga[10] markuu galuhu[11] soo cawdhsho
Cashadaa inuu hooro waa shay u caada ahe

Cirshinkuu[12] ka yeedhaa gumburi[13] caawaduu di'iye
Hogol caal madow iyo marsaa[14] coonka[15] kuu yimi'e
Calcalyada[16] oo an dhicinoo ufadu ciidda saxar-qaaddo
Cayn bay bidh-bidho leedahoo[17] way ku carataaye
Marka galowgu ciyo fiintu way kala carrowdaaye

Cishadaa gu'-sooruhu[18] da'aa la cokonaadaaye[19]

Cariskoo idaha laga furay canaha daadshaane
Cosobkiyo[20] naqoo soo baxay darar cabaaddaane
Tan yar baa canqaratay duqduna[21] riigta[22] ka cuntaaye
Cawl iyo sagaaliyo wax xiga coomir[23] karameede[24]
Intaasuu barwaaqada cunaa ku cayilaa reere
Kolkaa cadar-xagaa[25] iyo dabayl ciiralaa dhaca'e

Curubta iyo geedii baxuu wada caddeeyaaye
Caws biya leh baa lagu hirtaa cuudka naafaca'e
Halkii cimidha[26] iyo kaymahaa Culus[27] la geeyaay'e

Hadduu cirirku[28] soo galo hawadu waa celcelisaaye
Cir Samuulad[29] degay waa kanay odayo caayaane
Haddaanuu cillayn[30] dayrtu waa caano badanleeye

Cashaday dab-tuur tahay tiray dib u cusbeeyeene
Cawarkoo tisciinaa badaha laga cabsoodaaye
Maruu cadadku gaadhaana waa caado haysimo'e[31]
Sumalkii cillaallaan[32] jiraa Caalmadow[33] mara'e

Cadaw weeye jiilaalku reer calalis doonaaye
Haddii aan wajiinuhu[34] cartamin adhigu caatowye
Halkii ceel ah iyo tuuladaan cidi ka maarmayne
Danbar-same[35] caweer lehiyo xays cawlan baa xigae
Ceeryamaadaa[36] marar da'day caluhu doogtaane
Caska waaga[37] nedadaa[38] guryaha lagaga cawdaaye
Markay cagaha laabtaan wax qoya cawda debed taale
Taasaw calaamada naqow[39] cidhib go'aagiiye

Curufka mahrajaan waa kolkaan ciidda qodanaaye
Coboshiyo[40] galoolkuu maraa xay casuus lihiye
Casarka iyo subaxay shinnidu calafka doontaaye

Cirroolaha habeen tirinayaan caawadaa ledine
Cashada labada boqol buuxsantaa dirir cadceedshaaye
Toddobkoo habeenkaa curtaa waa cawa adduune

Haddii kale wuxuu ka cabsadaa cadaw kaliileede
Markuu dirir caad soo degdego baw caqiibo ahe

Caqli iyo hidde u goonniyey ku cammiraayeene
Caweyskey Faraacidu dhacday cadad yaqiinneene
Cilmiga faalka iyo mooraday kala caddeeyeene
Wax culays ah kuma hayn jabiyo cudud kabniinkeede
Wax kastoo cajaba bay barteen caynka loo wado'e
Annana kuma ciyaarine dar baa wada culuuntiiye
Saw inaan carruuraha barnaa waajib culus maaha

....

1. *Curuf :*   *xeer*
2. *Caqrab:*   *bahal yar oo laba gamood oo dhaadheer iyo*
                madax leh oo badda ku jira
3. *Laxo:*   *lix xiddigood oo urursan oo soo baxooda kolba*
                xilli ku beegmo
4. *Foore ciid leh:*   *dabayl ciid wadata oo yaalaaba dhacda*
                subaxda hore ama fiidkii
5. *Lugaha casaha xiid:*   *waa shimbir yar oo lugo cas oo i*
                nta badan fiidkii ciya
6. *Curraaf:*   *qofka yaqaanna maluugta xiddigaha iyo*
                saadaasha hawada ama faaliya
7. *Daydada: bilaha roobka ee gu'gu da'o bisha ugu horraysa*
8. *Cir-guduud:*   *labada wakhti ee waaberiga marka nin*
                iyo geed la kala garto iyo marka
                gabbalku dhaco ee weli aanu shaacu
                madoobaan (labada cir-guduudood)
9. *Nuglo casuus leh:*   *daruur biyo gelisay oo si dhega*
                fudud u curata
10. *Carcoorriga:*   *guur guurka ama socodka*
                daruurta curanaysa
11. *Gale:*   *foore ama dabayl*
12. *Cirshin:*   *xagga sare, cirka*

13. Gumburi: *nooc ka mid ah ugaadha Soomaalida ee sii dabar go'aysa, una eg dameeraha. Afka ayuu cirka u taagaa oo ciyaa, siina saadaalayaa goorta iyo halka uu cirku ka di'i doono*

14. Marso: *daruuro gubanaan u siman*

15. Coonka: *kambalka, kaabiga, halkan dhow, wuxuu kale oo noqdaa qofka cilinka ah*

16. Calcalyo: *biyo xareed ah, biyuhu marka ay cirka ka soo dhacaan*

17. Cayn bay bidhbidho leedahoo: *orod uun bay ku badbaadi kartaa*

18. Gu'sooruhu da'o: *gu' hagaagey oo si fiican u da'ay*

19. Cokanaadaaye (Cokan):   *aan oommanayn, soo fuley ama soo cabbey*

20. Caris: *marka iduhu rimaan ee aanay weli cadhadu gollaha iman ee ay yar tahay, meel naq yar lehna way noqotaa*

21. Duqduna riigta ku cuntaaye: ta weynina waxay roobkii da'ay ku cuntaa inta aanu dooggu soo bixin qoryaha iyo jirridda uu qooyo

22. Riig: *dumaaga ama qori jabka*

23. Coomir: *qof la shu'aysto oo da'weyn*

24. Karan: *roob meelo gaar ah ka da'a gu'ga iyo dayrta dabadood*

25. Cadar xagaa: *daruur xilliga xagaaga timaadda oo teel-teel ah, khafiif ah ama daruuro giblan oo dhaxan wata ka kooban*

26. Cimidh: *buuxa, tif ah*

27. Culus la geeyaaye: *hasha ama geela la geeya. Culus waa halmagaceed*

28. Cirir: *saxal*

29. Cir Samuulad: *roobka bisha Samuulad da'a*

30. Cillayn: *cillad, haddii aanu roobku seejin ayay halkan ugu jirtaa*

31 .Haysimo: *marka idaha sumalka lagu daro, idaha*
            gu'gii mar wada dhala (xaysimo)
32. Sumalkii cillaalaa: *wankii qoodha ahaa ee idaha laga*
            xidhay
33. Caal-madow: *idaha goradda madow, buur ka mid ah*
            buuraha Sanaag
34. Wajiinuhu (wajiine):   *bilaha uu roobka gu'gu da'o ee*
            sida Daydo iyo Seermaweydo
35. Danbar-same: *roobka gu' hagaagey oo berisamaad*
            geyiga ku nuuray
36. Ceeryaamo: *dhedo, ciiro*
37. Caska waaga: *marka waagu gunta ka soo guduuto*
38. Nedo: *dhedo, dhaxan*
39. Naqow: *naq, doog*
40. Cobosha (cobol):   *kaymaha duurka leh cawska ku*
            hadha ama cawska duurka ka
            baxa

....

DHALLINYARO

Sida dad badan oo xogagaal Xaajiga u ahaa aan marar kala duwan ka maqlay, wallow uu Xaajigu ahaa nin da' weyn oo boqol sannadood kor u dhaafay, haddana waxa uu ahaa baa la yidhaahdaa nin xagga maskaxda dhallinyaro ka ah oo is xejiya dhinaca nolol la wadaagga fac yarta, waxaanu jeclaa inuu hadiyo goor ka ag dhowaado meelaha dhallinyaradu ku kulmaan. Waxa uu dhallinyarada la wadaagi jirey doodaha ay araada isku waydaarsanayaan, waxaanu isku taxallujin jirey inuu u gudbiyo aqoon iyo waaya aragnimo inta uu dheer yahay.

Gabaygan oo curashadiisu ku beegnayd sannadkii 1972, waxa uu toos ula hadlayaa dhallinyarada, isaga oo hoosta ka xarriiqaya in dhallinyaradu yihiin kuwa mustaqbalka iyo aayatiinka iska leh, loona baahan yahay in jiilasha soo kacaya; hablo iyo inammaba; lagu barbaariyo anshax iyo aqoon u horseeda inay gutaan waajibaadyada kaabiga ku soo haya. Hadba inta aqoon la geliyo dhallinyarada ummad u soo kacaysa iyo heerka diyaar garowgooda, ayaa laga sii oddorosaa mustaqbalka ummaddaas. Taas ayuu gabaygu iftiiminayaa, waxaanu yidhi;

Hadduu geed engego xaabadaa lagu idlaystaaye
Mid yar oo iniintiis ah baa soo awaal baxa'e
Isagaa anfaaciga hadhkiyo oodda kaafiya'e

Dadkana odaygu goortuu ka baxo iyo islaantiisu
Ubadkooda hadha baa tabcoo aayatiin hela'e
Aadan iyo Xaawiyo markii kaynta la abuuray
Sidaasay arwaaxdiyo dhirtuba ku isirraayeene

Ummaddaan shabaabkeedu[1] hanan waw ayaan xumo'e
Inammiyo hablahaba waxaad tihiin aarankii[2] kacaye
Itaal gabe dadkiinnii horoo waydin aragtaane
Idinkaa ammaanada xilkii eegga qaabbilaye
Iskiin wax u qabsada nolosha waw udub dhexaadkiiye

Israafkiyo[3] fadhigu waa waxaad ku ambanaysaane

Axmaqnimo wakhtiga kaaga tegey oohin kugu reebye
Ayaantii ku dhaaftaana waa waxaan la eegayne

Arsaaq yaridu waa caajiskaan la oggolayn hawle
Axadkii kaslaan ahi sabool abidkii weeyaane
Rabbi nimuu laxaad u abyeyoon camal awoodaynin
Oon shaqo naftiisu oggolayn waa abaal dhacaye
Istiqlaalka[4] waxa taam ka dhiga waa adduunyada'e
Mar hadduu dhaqaaluhu akhiro[5] calanku iimowye
Kolkaasuu amaahiyo baryaba aradku doonaaye
Icaanadu xornimaday ku tahay eebadii malage
Albaabkuu gumaysigu ku xado umamka weeyaane
Wixii uu ajnebi kuu qabtaa aayatiin ma lehe

Isku tiirsi waydiin eg yahay ururin xoolaade
Is-cuskada Islaamkaa la yidhi gebi ahaantiise
Waa amar addoonkii muslima faray Ilaahaye
Axaadiista Nebigay ku timid saad u aragteene
Is-khilaafku waa naar jannona waa isu imaade

Aradkiyo dadkuba waa dhismaha waxay u aayaane
Ragannimo nimaan tacab ku arag aayar heli waaye
Ishtihaada[6] gobannimo dhib baa lagu ilaashaaye.

....

1. *Shabaab:* *waa Afcarbeed la macno ah dhallinyaro*
2. *Aaran:* *waxa looga jeedaa dhallinyaro, waana geela aan*
   qaangaadhka ahayn ee markaas heerkii nirgaha
   uun dhaafay, arlada dihin iyo waxa cusubna
   ama barwaaqadana "aaran" waa la odhan
   karaa
3. *Israaf:* *ka badbadin sida wax loo isticmaalo, gaar*
   ahaan maalka, cuntada iwm
4. *Istiqlaal:* *gobannimo, xorriyad*
5. *Akhir:* *dib u dhac ama gaabin*
6. *Ishtihaad:* *dedaal*

....

KUDKUDE

Xaaji Aadan Axmed (Af-qallooc) waxa uu gabaygan ku soo gudbinayaa dareen dhiillo ka muuqato sannadkii 1973 markii uu arkay dhalliilo badan oo ka soo baxaya maamulkii dhididka iyo dheecaanka loo shubayey. Saddex sannadood ka dib dhalashadii kacaanka, iyada oo aan weli dadka ka bixin didmadii iyo diiftii haleeshay sagaalkii sannadood ee gobannimada ka dambeeyey, ayuu Xaajigu isha ku dhuftay dhaqammadii fooshu xumaa ee lagaga khatoobey ee lagu nacay dawladihii rayadka ahaa, sida musuqii, qabyaalladdii, boobkii hantida iyo fasahaadkii ku xidhiidhsanaa ee madaxdu horseedka ka ahaan jireen oo haddeertana madaxdii cusbayd ee kacaanku badiba dib boodhka uga afuufayaan.

Si sarbeeb iyo af-gobaadsiba leh, ayuu u tilmaamayaa arrintaas, isaga oo inagu fahamsiinaya hummaagyo qurux iyo xikmadba xambaarsan. Waxa aad mooddaa in gabaygu u dhacayo oo ku jihaysan yahay nimankii wasiirrada ama agaasimayaasha guud iyo wixii la midka ahaa oo la odhan karo waxay ka mid ahaayeen meelihii ugu horreeyey ee majaraha maamulku ka qalloocday. Waxa uu yidhi:

Digo guuni waa meel waqeed dulin ka beermaaye
Damal halkuu ka dhaco qodaxdu way kaga dambaysaaye
In kastoo sun lagu daadiyoo dibadda loo xaadho
Weli camadhku haraggii ma dayn daarta loo dhigaye
Dibqalloocu wuxuu hoos galaa kayn dureemo lehe
Dawadii kutaantii ma layn Geeshku soo diraye
Dabaggaallihii kama ag tagin jeerinkuu degaye
Doofaarku haradii biyaha kama dal-xiisoone
Weli wuxuu kudkude deeddamaa degelladiisiiye
Shabeel baro ma daayoo abuur dabac ah weeyaane

Dundumada nin ciid inuu ka dhaqo doonay hidin waaye
In kastoo kitaab soo degiyo diinta lagu dhaarsho
Ma dawoobo shaydaan nimuu daaddahsanayaaye
Duuflaalka laba eef bartaa waanu deyn karine

Daliilkiyo wacdiga loo akhriyo kuma duxaayaane
Waa dhagax dixeed aan qoyeyn roob kastoo da'e
Diillimo qalbiga kaga dhashoo dooriyaa jira'e
Dunjigiisa ku hortaagan baad dad u malaysaaye
Markuu kaa dareerona iblays duufsadaa hela'e

Abeeskii da'weyn jirey ka ba'an doorkan kii kacaye
Dabada ey nijaasteedu waa shay dabiici ahe
Kuwiinnaa danaystaha ah een taqaddum doonaynin
Dadkii iyo naftiinniiba waa dibin-dibyeyseene
Idinkoo dadkaw dheregsan baw damac badnaateene

Halkii nabadda laga doonayaa dabab ka oogtaane
Kuwa daacadda ah baad qalbiga diiq ka gelisaane
Nin dantiis idiin sheegtay baad wada dagaashaane
Dadkaad ku kelliftaan hadal ka dhaca cadha daraadeede
Dushaad daar ka xidhataan idinkaan doocna qabanayne
Denbi anu lahayn shicibku baad abid la doontaane

Mabda' aannu wada diidney baad idinku doontaane
Dar ku fiican shaqadaa jiroo dabin u qooshaane
Dadku aawadiinnuu ku nacay qaar horoo degaye
Dulmigiyo xumaantii ninkii doorad ka cayaaray
Oo aan dabqanihii ku yiil weli ka duugoobin
Oo laba af oo kala dahriya duulba mid u sheegay
Oo diric ammaana ah sitaa daaha noo xidhaye
Ha danniyina ruux idin maqlaa waa digtoonahaye

Gudcur damiyo waa kala naqaan waaga daalaca'e
Diidmadii horaa nagu jirtoo diiftii may hadhine
Dusdus iyo ninkii been wataa noo ma duur xulo'e
idinkoo dunuubtaad gasheen duudsi laga yeelay
Oo shaqadii laydiin diraa nagu dabrayseene
Hal waraabe dilay baa lafaha dhidarku doontaaye
Isagoo dul meermeerayuu dabinka eedaaye
Maantana wixii hore dugee diradiraa jooja
Waxna hadalku iga daarran yahay waano daacada ahe
In kastaan dul-maray taladu waa kama dambaystiiye

Dadka raaca doqontaan afgaran kii u soo diga'e

NIN HAWOODEY

Waa hagatusyo iyo hawaala warrankii waayeelnimo ee gabayada
Xaaji Aadan lagu yiqiinney. Nin Hawoodey waxa uu ka mid
noqonayaa tixihii ugu dambeeyey ee Aadan Af-qallooc uu tiriyo.
1978 markii uu arkay in talo cayn wareegtey oo hoggaankii
Kacaanku tartarka ka dhaafay waddadii caddayd, ayuu gabaygan
ku hoga tusayaa hadimada iyo lama filaanta u daboolan ee u
karsamaysa nin kasta oo ku hirta dhalanteed, been ay naftiisu u
qurxisay iyo is taawin uu ka helay maal adduunyo oo gacantiisa ku
tuurmey ama maskab iyo awood uu markaas urursaday. Waa wada
sarbeeb iyo hadallo iidaaman oo talo iyo tusaalayn badanna
xambaarsan. Wax uu yidhi:

Nin hawoodey meel taagan buu hir uga laacaaye
Hoosiis lalaayuu arkaa hadh u maleeyaaye
Hayaan meelan lagu gaadhin buu halakan moodaaye
Halaaggiisu meeshuu yahuu gacan u haadshaaye
Hillaac bawga baxa abidba meelaan roob heline
Dhalanteedka heedh-heedha buu hore u raacaaye
Isagaan biyaba haynin buu soo horay odhane
Wuxuu ku hindisoodaa dadkaad ugu horraysaaye
Higgo qudha naftiisoo ku siman habi la'aantiisa
Haab-haabo samaduu yidhoo haadda la cayaarye

Nin kastoo hantiya duunyo waa looga hadhayaaye
Cidna uma hirgelin maanta iyo tan iyo Haabiile
Hadba waxay hor cararaan ninkii waayadaa hela'e
Habaar bay adduunyadu qabtaa hed iyo laayaane
Hebel ninkay tidhaah oo dhan bay hadimo yeeshaaye
Wax badan baa hawada tiigsadoo hoos u soo dhacaye

Inkastaad haleelada adduun jaad kastaba hayso
Waa hoodo yay kaala dhicin jar iyo haadaane
Hodan kii ahaa shalayto baan maanta qado hayne

Hoos labadii gelin weeye oo hawli dheer tahaye
Dhaaxay habaas kaga tagtaa nimay heshiiyeene

Sida haadka duuliyo haddaad haatufkaw oroddo
Heli maysid waxaan Eebbahay hadiyad kuu siine
Waa hibo Ilaah leeyahay oo kala hagaajaaye
Hammaddiyo illayn laguma helo hawl-kariyo xooge
Gorgorkoo hungoobaa tukuhu midho haleelaaye

Hammigaaga iyo geeridaan haab isu lahayne
Adigoo wuxuun hibanayaa lagu haf siiyaaye
Harraadiyo dhib adigoo qaboo hadal awood waayey
Oo lagu hareer tuban yahayaad habaq tidhaahdaaye
Kuwii hiilka kuu geli lahaa haybta gurigiinna
Horuu qaada mooyee wax kale kuuma hidiyaane
Halkaad dhigi tallaabada ma ogid waxa ku hoos yaalle
Haki lugaha Haaruun ku dhaha "haari"[1] haw socone!

....

1. *Haari: (Af-Ingiriisi) degdeg, si dhakhso ah*

SEBEN TEGEY

Tixdani waa hawaale warran iyo hogatus inta halkan ku taalla laga soo helay, waxanu yidhi:

Seben tagey mid weli soo socdiyo saaka waxa jooga
Seddexdaa wakhtaa xaal adduun lagu sifeeyaaye
Soo noqodna ma leh wixii saatifoo saaka kaa tegaye
Waxa saaddambeetiyo berrina waa su'aal maqane
Waxay taladu kuu suubban tahay subaxaad joogtaaye
Haddiise ay ku seegto oo arrini sibiq yar kuu dhaafto
Tolow maan sidaa falo ma jiro waxay samaysaaye
Waana sababe tawfiiqdu waa suu Ilaah yidhiye
Sacaadada iyo barwaaqadu waxay kula sin-jaaraanba
Saxal iyo mariiq baa beddeela siiba xoolaha'e

GABAY BAROORDIIQ AH

Xaaji Aadan Axmed Xasan waxa uu Ceerigaabo ku geeriyoodey sida aynu soo xusnay sannadkii 1986. Xilligaasi waxa uu ku beegnaa ayaamihii kacdoonka shacabku uu cirka ku shareernaa, dhinaca kalena cadaadiska iyo nolol duugga dadka lagu gabagabaynayey ee ilkihii maraaryaha lahaa ee taliskii Maxamed Siyaad adhaxda ka qaniinsanayeen. Xabbadda ayaa qoriga dhuuntiisa huruddey! Guri aanay geeriyi albaabka ku soo garaacini wuu yaraa oo dhimashadu xad ma lahayn ama waxa ay ka mid ahayd nolosha maalinlaha ah, guud ahaan Soomaaliya, gaar ahaanna Gobolladii Waqooyiga ee Xaaji Aadan ku geeriyoodey, kana soo jeedey. Hebel la dilaa ama dar Alleba u geeriyoodaa dadka dhiillo kuma ahayn. Iyada oo caynkaas xaaladdu ahayd, ayaa waxa aan la kulmay xilligii aan daraasaynta buuggan ku hawllanaa cajeled uu qoraaga culus ee Axmed Faarax Cali (Idaajaa) u duubay Radyow Muqdisho geeridaas Xaajiga wax yar ka dib. Axmed Idaajaa waxa uu ka wayiigayaa oo ka calool xun yahay in geeridii Xaajiga hal-abuurku aanu ka gabyin marka laga reebo Alle ha u naxariisto'e Maxamed Nuur Shareeco oo gabay baroor-diiq ah ka tiriyey. Axmed-Idaajaa waa runtii oo qof weyn baa baxay oo xaq u lahaa in loo baroor-diiqo oo maansoolayaashu geeridiisa geeraarro ku xadanteeyaan, hase yeeshee waxa in la xusuusto mudan in aan maalmahaas ilmoba dadka indhiisa ku laabnayn oo baroori cirka ku laallayd! Waa xilligii ku caanka baxay "Looma Ooyaanka"! Halabuur arrintaas oo kale u godlanaaba haddiiba uu jirey sidaas uma badnayn! Si kastaba ha iska ahaato'e gabaygaas Maxamed Nuur Shareeco oo runtii farshaxannimo xambaarsani waxa uu ka hadlayaa qofnimadii iyo hal-muceednimadii abwaanka Xaaji Aadan Af-qallooc. Waa duco iyo baroor-diiq maamuus ah, waxanu yidhi:

Isku aragti maahoo nafluhu kala aqoon roone
Ayaankiyo nasiibkuba waa amar Ilaahaye
Axadkuu jeclaadaa wallee hela ammaan weyne
Arartiyo baroor-diiqdatani way ekoon tahaye
Xaaji Af-qallooc baa dhintayo waan alwanayaaye
Intuu jirey soddon saniyo boqol weli in baa dheere

Abwaan wax garaduu ahaa oo loo ogsoon yahaye
Soomaali ururshuu ahaa kalana aafayne
Ehelkii calankuu ahaa oo eed u soo galaye
Aayaha kan jecel buu ahaa diinta aaminaye
Kan Islaamka duma buu ahaa ehelu diinkiiye

Astaantooda yuu wada nebcaa idil gumeystaha'e
Ka ilaasha samahuu ahaa lagu arwaaxaaye
Abwaan jecel dalkiisuu ahaa lama illaawaane
Abtiriska nin diiduu ahaa eex wixii wada'e

Uufannays nin neceb buu ahaa kii adeega ahe
Isticmaar nin diiduu ahaa oo eryay yidhiye
Addoonnimo ka cararuu lahaa daayin abidkiiye
Anfaaciga ha cuninuu lahaa eeddu daba taalle
Ujeeddada gumeystuhuu lahaa eego oo naca'e

Ayaatiinka doonuu lahaa ubadka kiinna ahe
Arligaa ugbaadkuu lahaa yuu abaar noqone
Abuuroo ku beeruu lahaa shay anfaaci lehe

Aqoon iyo waxbarashuu lahaa idil is gaadhsiiya

Indhihiinna fura buu lahaa hayska awdina'e
Asaaggiinna raacuu lahaa oogadaa mara'e
Awoodda isu geeysuu lahaa oo is aamina'e
Adeeg buu ku jirey maanta iyo abadenkiisiiye

Nin adkaysin badan buu ahaa cadow asiiba ahe
Nin aragti dheer buu ahaa oo ogaal badane
Ambaqaada ummadduu lahaa hays illaawina'e
Intii uu aflixiyey baa ka badan ubaxa geedaha'e
Odhaah kuma dhammayn karo wixii uu abaal galaye

Nin inshaaro badan buu ahaa waa aftahankiiye
Taallo aada inuu mudan yahaan muran ka oognayne
Abwaankaa xijaabtaye wakhtiga gaadhey iniqdiisa
Ayaan-dhalad inuu yahay ayaan oogta ka caddayne

Ilaah baan baryaayaa Rabbiga aada ee jira'e
Cadaab olola uuriyo kulayl laysku alamsiiyo
Naar oogan qiiqiyo ufiyo ohon waxyeelaaya
Armac dab ah abees jahannabaad dibuqallooc oodan
Ka badbaadi Eebbow Aduu yahay addoonkaaye
Ilihii jannada Eebbow dhex gee aarankiyo doogga

Aammiin

TUDUCYO LAGA HAYO GABAYO MAQAN

Tuducyada soo socda waxaa laga hayaa dhawr gabay oo Xaaji Aadan lahaa oo buuggan ka maqan, una baahan raadin, iyaga iyo kuwa kale oo badan oo la mid ah oo daraasadayntani gaadhi weydey.

1

Baryo waa mar qudha iyo walaal inuu ku baantaaye
Baabacada dhawr jeer hadduu gacanta kuu buuxsho
Bixin maayo iyo baa ku xiga kuuma baahniba'e.

2

Dhurwaagaa hadduu xero dhex galo neef la dhaadhaca'e
Dharaar keliya tiro goosantuu dhidarku laayaaye
Dhirbaaxada Calliga xoogga weyn waad u dhimataaye
Dhaawaca abguriduu axmaqu dhaaxba leeyahaye
Nin dhergaa kasaad inuu u ledo waa halaan dhicine
Hadba muruqa laba dhaadmay buu dhinac ka eegaaye
Ma dhadhamiyo soor aan lahayn dhiig nin caata ahe
Dhudhunkiyo halkii aan dhammayn dhuux lihiyo taako
Xabaalaha dhankoodii ninkii iigu soo dhigaye

3

Doofillow libaaxoo ku qaday duudda iyo soolka
Dawac badhi idaad cunay muxuu laqanyadii daacay
iyaday dameeruhu dhergeen darista Xaabaale
Maxaa baqal dibbiray oo senguhu doogga cuni waayey
Digaagga oo hadhuudh iyo sareen daamanka u buuxo
Maxaa haad-ka-adag duulayaa gaajo la ag diiday

4

Lebiga iyo dharjada kii Ilaah liiciyaa jaba'e
Liigga iyo sakaarada risiqa laysu le'eksiiye
Libaaxuna ma dhaco dhidarna waa laxaadsadaye.

SAWIRRADA TAFIIRTII
XAAJIGA QAYB KA MID AH

Bidixda: Xaaji Aadan Axmed (Af-qallooc) iyo xaaskiisa
Maryan Maxamed Gugun-fadhi

Axmed Xaaji Aadan (Af-qallooc) iyo xaaskiisa
Khadra Xasan weged

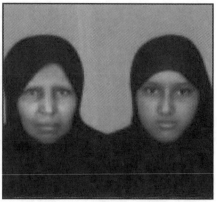

Maxamed X. Aadan (Af-qallooc), Canab Maxamed Xayd iyo
inantooda Faadumo Maxamed X. Aadan

Mahad Axmed Xaaji Aadan iyo Aadan Axmed Xaaji Aadan

IFTIIMIN KU SAABSAN QORAAGA

Qoraaga buuggan **"Hal Aan Tebayey"** Maxamed Baashe X. Xasan waxa uu ku dhashay duleedka Galka Maygaagle oo ku ogog leh Qorilugud, Degmada Buuhoodle dayrtii 1963. Malcaamadda iyo waxbarashada fasalka 1aad ee dugsiga hoose waxa uu ka bilaabay Ballidhiig, Gobolka Togdheer. Dugsiyada hoose, dhexe iyo sareba, waxa uu qoraagu ku idlaystay magaalada Hargeysa.

Mucaaridkii hubaysnaa ee ku kacsanaa dawladdii Maxamed Siyaad Barre, garabkiisii SNM ayuu qoraagu ku biiray Maarij 1983. Maxamed Baashe waxa uu ka mid ahaa hawl-wadeennadii Idaacaddii mucaaridkaas ee Radyow Halgan, isaga oo ka mid ahaa mas'uuliyiinteeda maamulka iyo barnaamijyadeeda. Bishii Julay 1987 ayuu deeq waxbarasho ugu kicitimay dalkii Czechoslavakia loo yiqiinney ee u kala dhanbalmay labada jamhuuriyadood ee kala madaxa bannaan; Czech iyo Slovakia bilowgii 1993. Jaamacadda The Charles University, Prague, The Czech Republic, ayuu qoraagu ku qaatay culuunta saxaafadda, isaga oo jaamacaddaas ka hantiyey Digriiga Master of Journalism and Mass Communication dhammaadkii 1992.

Maxamed Baashe X. Xasan waxa buuggan **"Hal Aan Tebayey"** uga horreeyey labada buug ee **"Hal Ka Haleel"** oo ka xog warramaya Sooyaalka iyo Suugaanta abwaanka Maxamed Ibraahim Warsame (Hadraawi) iyo **"Guri Waa Haween"** oo si mug leh uga hadlaya Kartida iyo Kasmada Haweenka Soomaalida. Qoraagu waxa uu haddeer ku nool yahay magaalada London, waxaanu daraaseeyaa oo xiiseeyaa barashada dhaqanka, taariikhda, afka iyo suugaanta Soomaalida. Maxamed Baashe X. Xasan waxa uu hadda gacanta ku hayaa daraasayn ku saabsan **Ayaamihii Noloshiisa iyo Halgankii Hubaysnaa.**

Abokor Ibraahim Xasan (Qoorgaab)

Baal-taariikheedkii Af-qallooc iyo Gabayadiisii

Baal-taariikheedkii Af-qallooc iyo Gabayadiisii

Dheegag Maanseed Xul Ah

Mar haddaan waxaan doonayiyo dawladnimo waayey
Dantay weeye inaan aammusaa eegga dabadeede
Dulligaa ku jira noloshu waa idinku deelqaafe.
Dilkii Sheekh Bashiir, 1947

Ilkuhu wada jirkooday hilbaha adag ku gooyaane
Haddii iniba meel taagan tahay adhax ma feenteene
Itifaaq la'aan laguma helo lib iyo iimaane
Abtirsiinyo reer hebela' iyo oday ku faan tuura
Indho fura hurdadu waa waxaad ku ibtilowdeene
Dardaaran, 1956

Murtida iyo aqoontiyo cilmigu malaha miisaane
Hadduu sida muwaashiga ciyuu muudal yahay soocan
Nin adduunyo maantaa hayaa Mawlihii noqoye
Mugdi baynu soconnaa habeen meelaan nuur jirine
Sidii Binu Israa'iil mutaan marar sallownaaye
Isku murugney aakhirana waa madhax xunoo yaalle
Maxaan idinku maaweeliyaa miridhay laabtiiye.
Marwo, 1962

Kuwa fuudka laaciyo intuu faajir talinaayo
Oo camalku kii Fiishar yahay faracna dheeraaday
Oo aanan filahayn inuu furuqu baan yeesho
Jeeruu fadliga Eebbahay ferej inoo keeno
Oo shicibka reer hebel fasaqay foodhibahalleeyo
Oo ay fariiddo u kacaan fidhadan ceebawdey
Faallada wixii dhacay inaan fidiyo waa caare
Waxba yaan ku foofine arrini hay fadhido caawa.
Facaan Ahay, 1962

Taaj madaxa awr loo geshaa waa tusmo habowe
Tuug daalliniyo caasi baad tamar u yeeshaane
Tembi baad u dhiibteen nimaan tuna ka sheegayne
Toorrey af badan baw xidheen taarig xoogsadaye
Tabaalaha Wakhtiga, 1966

Akhlaaqdii xumaatoo xishood laga awaareeye
Iimaanku laabtuu jiraye aragahaw u guurye
Kun jeerood ixsaan fari ma jiro axad maqlaayaaye
Waxay dheguhu aad ugu furmaan ereyga ceebeede
Ina Cigaal, 1967

Kuwii doorashada noo galaa gabay halkoodiiye
Khalqigi oo horuu guurayey dib u gucleeyeene
Googooye Soomaali oo gobolba meel aadye
Guryaha iyo ceelkaa dartood laysku gawracaye
Waa taa gamaaduhu bateen goobtii lays dhigaye
Gildhigaanka waxa loo sitaa goosankii hadhaye
Caawana kursi aad gaadhid baa guure loo yahaye
Gurdan baan maqlaayaa sidii guuto weerarahe
Gawaadhidu tolla'ay bay siddaa guuxu baxayaaye
Aar Gaboobey, 1969

Arday kama hadhoo macallinkuu daba ordaayaaye
Mas'uuliyaddu waa adagtahoo waa ammuur culuse
Ardal iyo nimaan qaadi karin looma aammino'e
Nin naftiisa amarkeed gabaa ma abyo khayrkeede
Aqalkeeda Leegada
Oktoobar 1969

Waxaan ahay qabiilkii akhiray Reer Afriiqiya'e
Dabkaan ololiyaa lagu gubtaa meel haddaan imiye
Iimaan la'aantiyo dhibtaan abid jeclaadaaye
Awood waxaan u leeyahay khilaaf inan abuuraaye
Isku diridda iyo baan aqaan laydinka adkaaye
Qabyaaladdii oo Hadlaysa, 1971

Muddo boqol gu'yaa dhaqankaygu nagu magoognaaye
Maantuu bilow yahay codkeennu oo laysku maamulo'e
Ka macaan maggaabada listiyo malabka Daaloode
Maskaxdii jirroon dayaxu waw madow yahay
Inyar oo qalbiga maal ku leh baa ka murugoone
Waa mahadho taariikhi ah iyo madhax la tuugaaye
Ku mintida afkii hooyo waa lagama maarmaane.